SERIE: **Network Marketing**

Los CICLOS MAESTR
MULTIPLICACIÓN en el NETWORK MARKETING
Principios Universales para Desarrollar Exitosamente
Tú Negocio MULTINIVEL de forma Profesional

Extraordinario Libro y Manual de Acción sobre REDES DE MERCADEO que te ayudará a conocer el fascinante mundo del NETWORK MARKETING en un fantástico viaje de Redescubrimiento Profesional, que te permitirá conocer los Principios Universales para Desarrollar Exitosamente Tú Negocio MULTINIVEL de forma Profesional y permitirte finalmente dominar correctamente Los CICLOS MAESTROS de la DUPLICACIÓN y la MULTIPLICACIÓN en el NETWORK MARKETING.

En este **LIBRO** en su **EDICIÓN ESPECIAL** aprenderás a:

** Programar tú mente consciente y subconsciente para el **Éxito Personal** y la **Autorrealización Profesional**. * Permitir una óptima configuración de creencias potencializadoras y afirmaciones autoempoderadoras que te permitan consolidar tú capacidad para **Conectarte con tus Sueños, Metas y Objetivos** * Promover la flexibilidad del pensamiento táctico - estratégico y la comprensión de los procesos mentales en la **Creación de una Estructura Organizacional Sólida, y una Red de Mercadeo Multinivel Estable y Productiva** * Contar con un **PLAN DE ACCIÓN** paso a paso que te permita desarrollar las habilidades para alcanzar nuevos estados de excelencia en la industria de las **Redes de Mercadeo Multinivel**. * Comprender el Sistema de Formación Empresarial que es un enfoque práctico y poderoso para lograr cambios esenciales a corto, mediano y largo plazo. * Incrementar al Máximo Tú Potencial Empresarial dentro del **MLM (Multi-Level-Marketing)** y Desarrollar tú Liderazgo con **una Mentalidad Empresarial** centrada en valores * **Consolidar las distintas Posiciones, Peldaños, Escalones y Rangos más Alto dentro de la Escala o Niveles del Plan de Compensación** *. - Dominar los conceptos básicos en la industria del **NETWORK MARKETING** que te permitan **tomar acción, hacer que las cosas sucedan y comenzar a vivir centrada en principios en armonía con tu propósito y misión de vida, rumbo a la libertad financiara total.***

*3ª **Edición Especial**, Revisada, Actualizada y Extendida (Incluye Ejercicios y Plan de Acción)*

NETWORKER PROFESIONAL

Ylich Tarazona

Escritor y Conferenciante Internacional

- NUESTRA ACTITUD, REFLEJA NUESTRO CARACTER. SOMOS LO QUE HACEMOS DIA A DIA, DE MODO QUE LA EXCELENCIA NO ES UN ACTO, SINO UN HABITO Y UN ESTILO DE VIDA.

- HAZ QUE LAS COSAS SUCEDAN.

*3ª **Edición Especial** Revisada y Actualizada por:* **Ylich Tarazona** *diciembre 2017.*
Diseño y Elaboración de Portada por: **Ylich Tarazona**

ISBN-13: 978-1985260092 *(CreateSpace-Assigned)*
ISBN-10: 1985260093 *(CreateSpace-Assigned)*
SELLO: *Independently Published* ©

BISAC: *MLM / Multi-Level-Marketing / Redes de Mercadeo / Network Marketing*
El derecho de **YLICH TARAZONA** a ser identificado como el **AUTOR** de este
trabajo ha sido afirmado por ***SafeCreative.org, Código de***
Registro: , de conformidad con los **Derechos De Autor En
Todo El Mundo**. ***Fecha****: 20 de diciembre de 2017.*

Escrito por el **Máster Coach YLICH TARAZONA**

DERECHO DE AUTOR y COPYRIGHT

Asistencia Legal:
ABOGADA: Mariam Charytin Murillo Velazco
C.I: V-17.502.580, - INPREABOGADO: Nº 158.611

Escrito por el **Máster Coach YLICH TARAZONA**

NETWORKERS del Siglo XXI © ® es una **Comunidad Virtual para Emprendedores.** Uno de los **Website de Internet** dedicado a brindar **COACHING** en la **CONSOLIDACIÓN de Competencias** y el **Desarrollo del Máximo Potencial Humano.** *Especialistas en el Entrenamiento, Formación y Adiestramiento de alto nivel a través de la PNL o Programación Neurolingüística,* especializados en el suministro de productos de formación y cursos para *Alcanzar Metas, Concretar Objetivos y Consolidar Resultados Eficaces de Óptimo Desempeño*; a través de una serie de **Libros, eBook's, Audios, Podcasters, Tele-Seminarios Online, Talleres Audiovisuales, Webminars** y **Conferencias Magistrales de Carácter Presencial.**

No se puede pretender estar asociado con **YLICH TARAZONA & REINGENIERÍA MENTAL CON PNL** o **NETWORKERS del Siglo XXI** © ® en cualquier forma o utilizar nuestro nombre en conexión con su propia práctica personal o profesional, a menos que esté debidamente capacitado, y con certificación valida que avale que formalmente se ha capacitado, formado o adiestrado apropiadamente con nosotros.

*3ª **Edición Especial** Revisada y Actualizada por: **Ylich Tarazona** diciembre 2017. Diseño y Elaboración de Portada por: **Ylich Tarazona***

ISBN-13: 978-1985260092 *(CreateSpace-Assigned)*
ISBN-10: 1985260093 *(CreateSpace-Assigned)*
SELLO: Independently Published ©

BISAC: *MLM / Multi-Level-Marketing / Redes de Mercadeo / Network Marketing*

El derecho de **YLICH TARAZONA** a ser identificado como el **AUTOR** de este trabajo ha sido afirmado por *SafeCreative.org, **Código de Registro:** , de conformidad con los* **Derechos De Autor En Todo El Mundo**. *Fecha: 20 de diciembre de 2017.*

COLABORADORES:
Mariam Charytin Murillo Velazco
Ylich Leavitt Gabriel Smith Tarazona Peña
Jeffry Samuel Tarazona Peña
Génesis Zarahemla Odaylich Tarazona Maldonado

---

*Si éste **LIBRO SOBRE** REDES DE MERCADEO MULTINIVEL en su **EDICIÓN ESPECIAL** le ha interesado y desea que lo mantengamos informado de nuestras próximas **publicaciones, ediciones, mini cursos, reportes especiales, video conferencias, webminars, seminarios online y offline, audiolibros, podcasters** o nuestros **servicios online y offline** como sesiones, coaching, terapias, eventos corporativos, cursos, talleres, seminarios, conferencias presenciales entre otras **actividades** o **materiales didácticos DISEÑADOS** y **CREADOS POR EL AUTOR** & **NETWORKERS del Siglo XXI** © ®; escríbanos, indicándonos cuáles son los temas de su interés y gustosamente le mantendremos actualizado.*

También puede contactarse directamente con el **AUTOR** vía e-mail por:
MásterCoach.YlichTarazona@gmail.com

PREFACIO DEL AUTOR

Hola que tal, **CAMPEONES** y **CAMPEONAS**... Bienvenidos sean todos; a éste apasionante viaje y excitante aventura que despertará en ti, la magia que deseo enseñarte. Y convertirte en el **[constructor de tú propio éxito]**... *Recuerda que TÚ ERES el escritor principal de tú propia historia, el arquitecto y el escultor de tú propia vida. Por tal razón; te propongo ser el [COAUTOR DE ESTE LIBRO] que estás creando tú también desde el mismo instante que has comenzado a CREER EN TI.*

Esta lectura es una intensa jornada que comienza en la imaginación y acaba en la manifestación y materialización de tus sueños. Aquí te revelare la extraordinaria realidad de una dimensión prácticamente desconocida para la mayoría de las personas, y es *que cada uno de nosotros SOMOS LOS CREADORES DE NUESTRO PROPIO DESTINO y los CONSTRUCTORES DE NUESTRA PROPIA REALIDAD.*

Por este motivo; en este **LIBRO** *en su* **EDICIÓN ESPECIAL** *trato de* **ilustrar** *y* **exponer en profundidad** *y a la vez con* **simplicidad** *los procesos de la* **REINGENIERÍA CEREBRAL** *y la* **PROGRAMACIÓN MENTAL** *para el éxito, combinadas con* **Neuro-Coaching** *y fundamentada en la* **PNL** *o* **Programación Neurolingüística** *aplicada al NETWORK MARKETING MULTINIVEL.*

El objetivo de **trabajar en conjuntos varias técnicas** *es permitirles contar con un* **PLAN DE ACCIÓN** *bien definido paso a paso, que les permita hacerte cargo de tu Futuro Financiero, Ser el Escultor de tu Vida, el Creador de tu Propio Destino y parte del Efecto Multiplicador de la Nueva Generación de Networkers del Siglo XXI, permitiéndote finalmente elevar tus creencias a un nivel de conciencia superior y lograr tu LIBERTAD FINANCIERA TOTAL.*

INTRODUCCIÓN

Información Relevante de la Presente Edición.

Hola que tal, mis apreciados lectores. *Antes que todo, gracias por adquirir este extraordinario* **Libro sobre** NETWORK MARKETING, *que escribí pensando en ti.*

Antes de comenzar, quiero comunicarte de algunos cambios esenciales que he realizado en ésta **3ª Edición Especial.** Si posees algunas de mis versiones anteriores; comprobaras que he llevado a cabo algunas revisiones y actualizaciones importantes en las últimas ediciones, ya que me parecieron necesarias para lograr cumplir el propósito por el cual escribí este **LIBRO** para ti. *Entre los cambios que he realizado, he incorporado una serie de ejemplos y ejercicios prácticos relacionados con la lección de algunos de los capítulos más relevantes.* **En los pocos casos en los que edite el texto o cambie parte del contenido, han sido para adaptarlas mejor a los ejemplos y ejercicios incorporados recientemente en la presente obra.**

Estas modificaciones son casi imperceptibles en la mayoría de los casos, ya que ante todo he querido respetar el **manuscrito original** y la **idea principal** del presente **LIBRO** con sus defectos y virtudes. *Por lo que en las pocas ocasiones en las que he incorporado ciertas ideas, he agregado algún punto adicional o he añadido algunos elementos de interés para mis lectores y aprendices, es porque me ha parecido conveniente o necesario, y de vital importancia para la* **correcta aplicación de los principios** *del* "NETWORK MARKETING o REDES DE MERCADEO MULTINIVEL (MLM – Multi-Level-Marketing)" *contenida en esta* **Edición Especial.**

Si has tenido la oportunidad de leer algunos de mis otros libros impresos o digitales, has podido apreciar que tanto el estilo literario de mis escritos; así como el estilo característico tipográfico que utilizo al momento de plasmar mis ideas, pretenden un único propósito. **Ayudarte a desarrollar el máximo de tu potencial humano al siguiente nivel, y permitirte comprender mejor los conceptos, definiciones y plan de acción que comparto con todos ustedes, con el fin de ayudarlos a interiorizar estos principios vitales y esenciales a su propia vida.**

Para lograr este objetivo; al final de algunos capítulos claves, comparto una gama de ejercicios que te permitan poner en práctica la esencia de lo que acabas de estudiar. *De igual manera, también les ofrezco una serie de recapitulaciones o principios básicos para reflexionar que te ayudarán a reforzar lo que has aprendido.*

De esta manera, campeones y campeonas, al finalizar el **libro** ustedes podrán contar con estrategias reales, técnicas, herramientas y metodologías efectivas que han sido estudiadas y verificadas a través de los años por los más grandes expertos en la materia. *De igual forma, estos principios han sido puestos en práctica y puestos en acción una y otra vez por el mismo* **AUTOR**, *tanto a nivel personal, como en sus Reuniones de negocios y presentaciones de oportunidad empresarial tanto virtuales como presenciales, con cientos y miles de personas que han aplicado dichos principios eficazmente a su propia vida.*

Escrito por el **Máster Coach YLICH TARAZONA**

*Dichos procedimientos han sido incorporados sistemáticamente en este **LIBRO** a fin de garantizarte resultados óptimos por medio de **MODELOS efectivos de la PNL** o **PROGRAMACIÓN NEUROLINGÜÍSTICA** y la **REINGENIERÍA CEREBRAL** aplicadas al* NETWORK MARKETING *que han sido comprobadas a través de los años por los expertos más reconocidos de la historia. Evitando así, la utilización de conjeturas o simples teorías.*

*Por tal razón, apreciados lectores, voy a darte algunos consejos: Conéctate con la esencia de éste libro, **LEE ACTIVAMENTE, cada palabra, cada línea, cada párrafo, cada página, cada capítulo, cada idea, cada enseñanza, cada ejemplo, cada historia, cada ejercicio, cada principio que con amor comparto con todos ustedes,** y verán cómo; poco a poco, paso a paso, línea a línea y precepto tras preceptos comenzarán a tener los excelentes resultados que requieren en todos y cada uno de los aspectos más importantes y esenciales de su vida.*

Este **LIBRO** mis apreciados lectores es una poderosa herramienta **teórica-práctica** para todos aquellos que desean aprender a **desarrollar el máximo de su potencial humano.** *Claro está, éste libro no es el único medio para desarrollar REDES DE MERCADO MULTINIVEL. Sin embargo, si sigues las direcciones paso a paso que doy en este libro, y tienes la adecuada actitud, así como la suficiente confianza, determinación y compromiso te aseguro podrás aplicar estos principios a tu propia vida personal.*

Es importante aclarar en este punto, que las **Leyes Universales del Éxito** que aprenderás en este **LIBRO** conllevan mucha responsabilidad. *Ten siempre presente que la correcta aplicación de estos principios básicos para triunfar y estas leyes universales del éxito puede ser debidamente utilizada para entrar en armonía divina con la fuente universal. Que es la que finalmente nos permitirá generar esos grandes y extraordinarios cambios tanto mentales como emocionales en nuestro YO interno y en tu SER Interior.*

Con esta idea en mente, deseo que entiendas que este **libro** te proporciona los **principios básicos para triunfar** necesarios en conjunto con las **Leyes y Principios Universales** de tal manera que garantice tanto tu propio bienestar; como el de todas aquellas personas a tu alrededor. *El uso que le des dependerá de tu elección, pero recuerda sea cual sea el propósito que deseas conseguir, siempre debe estar basado en las normas más elevadas de la ética y las buenas costumbres, edificada en los principios y los valores morales, con los estándares más altos.*

*TE IMAGINAS todo lo que puedes lograr conseguir al aprender aplicar estas **leyes universales del éxito** en tu propia vida. TE PUEDES IMAGINAR cómo cambiaría tu existencia extraordinariamente para bien, al poder conquistar todos tus más anhelados sueños, metas y objetivos que te propongas alcanzar en esta vida, gracias a estos **principios básicos para triunfar.** ¡AHORA ES POSIBLE!*

Escrito por el **Máster Coach YLICH TARAZONA**

ESTILO LITERARIO Y TIPOGRÁFICO DE MIS OBRAS

Las enseñanzas que contienen mis **LIBROS** y **CURSOS** en su gran mayoría son una combinación estratégica mesclada con poderosas **METÁFORAS, PARÁBOLAS, ALEGORÍAS, EJEMPLOS, HISTORIAS, CITAS** y **FRASES CÉLEBRES** que he venido recopilando y compendiando en el transcurso de los años de diferentes fuentes; tales como, Libros y Obras de Diversos Autores *(a los cuales, les otorgó TODO el mérito y el reconocimiento que ellos merecen por sus valiosas aportaciones).*

*El objetivo de extraer tan **extraordinaria colección** de estos **grandes** y **RECONOCIDOS ESCRITORES** y **plasmarlas en mis obras** es; ayudarles a comprender mejor a mis lectores, la información que quiero transmitirles de manera subjetiva.* De esta manera; a través del aprendizaje de representaciones simbólicas y figuradas, ustedes mis amigos y amigas puedan adquirir las ideas principales.

*Así; mis libros, por medio de sus **citas, frases célebres, pensamientos, reflexiones relatos y narraciones ilustrativas** pueda llegar a ser una fuente de inspiración para ayudar a todos aquellos individuos que con integro propósito de corazón quieran cambiar y transformar sus vidas de manera continua y permanente.*

Otras de las **METODOLOGÍAS** tipográficas que empleo al redactar mis trabajos; es que utilizo diferentes estilos literarios, introduciendo una variedad de *signos de puntuación,* **negritas,** *cursivas,* <u>*subrayados,*</u> *combinaciones de minúsculas y MAYÚSCULAS, entre otras repeticiones consientes de ideas y enseñanzas transmitidas varias veces; una y otra vez, pero en distintos contextos y situaciones, para grabarlas en su mente consciente y subconsciente.* Así como también en ocasiones *"cambio* **estratégicamente la forma de escribir y expresar mis ideas intencionalmente en primera, segunda y tercera persona"** mientas transmito la información, con el fin de hacer la lectura más didáctica, versátil y placentera para todos mis lectores.

Si esto llegase a parecer inadecuado o incorrecto en cierto momento para algunos de mis lectores, quiero anticiparles de antemano que no se trata en modo alguno de un descuido por mi parte, o desconocimiento de edición y transcripción de la obra. Al contrario, **TIENE UN CLARO OBJETIVO** *y persigue un fin concreto.* **CONFÍA EN MÍ.** **TIENE UN PROPÓSITO PARA TI,** *sigue leyendo y comprenderás a lo que me refiero.*

En otro orden de idea; es importante destacar que también incorpore en el transcurso del libro una gran variedad de *frases célebres, citas inspiradas de las escrituras, versículos bíblicos, conceptos filosóficos, ejemplos, símiles, exposiciones, descripciones y lenguaje figurado* en el transcurso de toda la obra. *Ya que este tipo de expresiones, conceptos e ideas son capaces de estimular subjetivamente una gran variedad de* **SENSACIONES MULTI-SENSORIALES** *tanto a nivel **(Visual, Auditiva y Kinestésica)** que permiten evocar imágenes, sonidos, sensaciones y emociones, en la mente del lector.*

Siguiendo ese mismo orden de idea; también incluyo, en todos mis trabajos una serie de **Declaraciones Positivas, Autoafirmaciones Empoderadoras,** basadas en el **META-MODELOS** estratégicos de la PNL a través de una serie de **COMANDOS**

HIPNÓTICOS y **PATRONES PERSUASIVOS** que permitan al lector incorporar dichas **SUGESTIONES** e **INDUCCIONES SUBLIMINALES** en su mente consiente y subconsciente, produciéndoles así cambios radicalmente positivos en su estructura mental y psicológica, **CREÁNDOLES nuevas conexiones neuronales más empoderadoras.**

Y finalmente **APRENDIZ**, entre otro de los recursos que utilizo son las expresiones personales como **TÚ** y **TI**, para referirme directamente a mis lectores, *con la única intención de que puedan sentirse identificados con mis palabras, y tengan la plena certeza y convicción de que todos mis libros lo escribo pensando en ellos.*

*En las **Versiones Audibles**, como son en los casos de los **Audio**libros, los **Podcasters**, los **Webminars**, los **Tele-Seminarios** y las **Conferencias Online** utilizo fondo musical instrumental junto a sonidos de la naturaleza, y en ciertas ocasiones ondas biaurales en diferentes frecuencias.* A fin de **inducir ciertos estados positivos en el cerebro**. Entre los muchos beneficios que ofrecen estas poderosas herramientas, es que propician **el aprendizaje acelerado, la reflexión consciente, la adecuada asimilación de las ideas, la agilidad mental**, la **estimulación de la creatividad, la relajación, la concentración** y **la meditación** entre otras muchas ventajas. *Como se han demostrado en los numerosos estudios realizados sobre el tema. Entre ellos la tesis doctoral de Pedro Miguel González Velasco Doctor en Neurociencia de la UNIVERSIDAD COMPLUTENSE DE MADRID FACULTAD DE PSICOLOGÍA, las cuales nos reportan los excelentes y maravillosos efectos positivos de estos sonidos, tanto a nivel psicológico como fisiológicos.*

El **PROPÓSITO** de introducir esta **GAMA DE ESTILOS LITERARIOS, TIPOGRÁFICOS; METAFÓRICOS** y **BIAURALES** *(Este último, solo en los casos Audible)*, fusionado con un variado conjunto de **Técnicas de la PNL** o **Programación Neurolingüística Aplicada**, principios de **Reingeniería Cerebral, Neuro-Coaching AutoHipnosis** entre otras herramientas. *Es para permitirles a mis lectores recibir una Enseñanza Transformacional más útil, holística e integral, que les permita **ADOPTAR NUEVAS IDEAS**, evitando así, la menor resistencia al cambio, y **CREANDO** un mayor impacto psíquico - emocional en el proceso de **retención - aprendizaje**.*

******IMPORTANTE******

Este **LIBRO** en su **EDICIÓN ESPECIAL** es una transcripción adaptada del **Podcasters, Webminars, Tele-Seminario, CURSO ONLINE** y **Conferencia Presencial** del **Coach Ylich Tarazona** titulada "Los CICLOS MAESTROS de la DUPLICACIÓN y la MULTIPLICACIÓN en el NETWORK MARKETING, *Principios Universales para Desarrollar Exitosamente Tú Negocio Multinivel de forma Profesional* © ®". *Por tal razón; este libro, refleja un estilo único y original de transcripción. Ya que esta obra es una adaptación de un **Audio Curso** y **Video Conferencia Magistral;** más que de una obra literaria, escrita como tal.*

Escrito por el **Máster Coach YLICH TARAZONA**

Bienvenidos al Portal NETWORKERS DEL SIGLO XXI

Hola que tal, Emprendedores y Emprendedoras *del Network Marketing Multinivel, la nueva generación de Networkers del Siglo XXI…* Es un placer para mí; poder darte la bienvenida a nuestro portal NETWORKERS del Siglo XXI ®, y felicitarte por haber escogido esta maravillosa profesión. Y estar dispuesto a empezar aplicar estos *Ciclos continuos del Éxito y la Excelencia en tú Superación Personal y Profesional; en el Desarrollo de Tú Máximo Potencial Humano,* en la *Tendencia Económica de Mayor Crecimiento, Consolidación y Expansión Mundial en esta nueva Era tan Globalizada.*

Ahora eres parte de un gran EQUIPO DE EMPRENDEDORES *en Redes de Mercadeo. Y* el dueño de tu propio negocio; a través, de la *Industria del MLM (Multi-Level-Marketing). La Profesión mejor pagada en los últimos años.* Esto significa que has dado un gran paso y que has decidido *hacerte cargo de tu Futuro Financiero, Ser el Escultor de tu Vida, el Creador de tu Propio Destino y parte del Efecto Multiplicador de la Nueva Generación de Networkers del Siglo XXI.*

Nosotros queremos que sepas que, aunque el negocio es sólo tuyo, nunca estarás solo. Cuentas con todo un EQUIPO DE PROFESIONALES a nivel mundial; que estamos aquí comprometidos para apoyarte durante el *Proceso de Aprendizaje,* con las mejores herramientas actualizadas de última generación y entrenamientos magistrales de óptimo desempeño en la Industria del *NETWORK MARKETING MULTINIVEL,* establecido en un *Sistema Integral de Formación Empresarial de Alto Rendimiento* y Máxima Productividad.

En el portal NETWORKERS del Siglo XXI ®, hemos preparado esta guía rápida de *Liderazgo Empresarial;* pensando en TI, para maximizar tu efectividad y óptimo desempeño en el *Proyecto de Negocio* que te ofrecen las Redes de Mercedado.

Éste **_Manual de Instrucciones_** es una poderosa herramienta de acción que puedes llevar contigo todo el tiempo. Es un resumen conciso de las leyes y los principios más importantes de las actividades que deberás realizar cada día, para medir tus resultados y comenzar a **Construir Tú Negocio Multinivel (Estructura Organizacional) que es la Red de Mercadeo,** una *Plataforma* Magistral centrada en la **EDIFICACIÓN** y fundamentada en las bases de las *relaciones y el trabajo en equipo* con una *mentalidad de excelencia empresarial* y un *espíritu de liderazgo centrado en principios.* Que finalmente es lo que te permitirá; a largo plazo, crear las bases de tu Negocio, con unas simientes firmes que se mantendrán en el tiempo, rumbo como equipo a la *Libertad Financiera.*

Cree en ti mismo y en tu capacidad de lograr grandes cosas. Recuerda, estamos aquí para apoyarte a través de cada paso que des en la *Construcción de tus Sueños...*

⟶≫ Pero recuerda que finalmente la decisión es sola Tuya...

¡Toma **Acción y Has que las Cosas Sucedan**!

*"El **ÉXITO** no es un acontecimiento de un solo día, es un proceso que se repite toda la vida. Usted puede ser un ganador en su vida si se lo propone. **YA QUE NACISTE Y ERES UN TRIUNFADOR** desde el instante de la concepción.*

Recuerda: *Las personas exitosas realizan actividades que les permitan ganar de vez en cuando; porque saben que tanto el triunfo, la victoria, así como la conquista son hábitos que deberían desarrollarse constantemente en su estilo de vida.*

Las personas exitosas; asimismo tienen presente que, perdiendo también se gana. Porque saben que cada fracaso los acerca más a su propósito y que cada derrota los fortalece y les enseña lo que deben mejorar. En fin y al cabo; tanto los triunfos como las derrotas, son tan importantes para el éxito, que cuando aprendemos de ellas nos hacemos más fuertes y merecedores de vivir ese estilo y calidad de vida extraordinaria por la que tanto nos hemos esforzamos día tras día"
-. COACH TRANSFORMACIONAL YLICH TARAZONA. -

PUNTOS PARA CONSIDERAR
Cómo sacar el máximo provecho de este libro

Éste libro ha sido diseñado de manera tal; que pueda ir pasándote por un **PATRÓN DE ACCIÓN CONTINÚO** a medida que vas avanzando en la lectura del mismo, a través de unos pasos básicos y sencillos centrados en **técnicas y metodologías de PNL Aplicada, la Reingeniería Cerebral y el Neuro-Coaching**.

Todo el **LIBRO**, ha sido creado de forma simple en **SIETE SESIONES** que se interconectan entre sí, para que toda persona pueda entenderlo y aplicarlo a su vez. *Esto es a lo que yo llamo "{(SISTEMA DE COACHING PERSONAL)}" en REINGENIERÍA CEREBRAL y PROGRAMACIÓN MENTAL para el éxito.*

*Por esta razón; es muy importante, comprender lo mejor posible cómo funciona el SISTEMA. Asegúrate de **llevar a cabo** cada paso de cada SESIÓN; sin prejuzgarlos, ni obviar ninguno de ellos. Este PATRÓN DE ACCIÓN cuenta con ejercicios prácticos que se relacionan unos con otros y convergen entre sí. Por este motivo tendrás que ir completando uno a uno; cada a paso, para pasar ir al siguiente nivel.*

Cada uno de los **EJERCICIOS PRÁCTICOS** propuestos en este libro; así como su secuencia, es esencial para lograr los resultados deseados, en cada aspecto importante y fundamental de tú vida.

Cada **SESIÓN** y sùs **CAPÍTULOS** correspondientes; al igual que cada "**Ejercicio, Ejemplo** y **Metáfora**" está íntimamente relacionado con la siguiente de manera **holística**, **sinérgica** e **integral**. Es decir, que todos los pasos juntos que conforman este libro constituyen un **TODO INTEGRADO** del "{(**SISTEMA DE COACHING PERSONAL**)}" que diseñe para ustedes.

Por tal razón, les propongo, que dediquen de **3** a **9** meses continuos al estudio y aplicación de los principios contenidos en este libro. Con una convicción total; y ejecuten **TODOS** los *ejercicios* que les sugiero del **PATRÓN DE ACCIÓN** consistentemente, con una actitud mental positiva, determinación y constancia. *Y les prometo mis amigos y amigas que al final de estos **3** a **9** meses podrán lograr todos y cada uno de los objetivos que se propongan.*

SE QUE TÚ PUEDES... "ASÍ QUE MANOS A LA OBRA" – COMENCEMOS...

FILOSOFÍA DEL PORTAL NETWORKERS DEL SIGLO XXI

FILOSOFÍA: NETWORKERS del Siglo XXI ® es una *Organización de Coaching Integral* en el *Adiestramiento y Capacitación Profesional*, de carácter presencial y virtual vía ONLINE en el área de NETWORK MARKETING MULTINIVEL, Liderazgo Centrado en Principios, Negociación de Alta Envergadura, Planeación Estratégica, Marketing de Atracción entre otros. El portal NETWORKERS del Siglo XXI ® *La Nueva Generación de Profesionales en Redes de Mercadeo Multinivel.* Es un EQUIPO que funcionamos como una *Organización Líder Pionera en el Entrenamiento Empresarial a nivel mundial* cuyo NORTE y FILOSOFÍA está centrado en la EDIFICACIÓN y fundamentada en las *relaciones y el trabajo en equipo. Basada en Principios y Leyes Esenciales de aplicación Universal,* que tiene como *objetivo* dejar un LEGADO en la vida de millones de *Emprendedores* y *Desarrolladores de Negocios* a través de *Un Sistema Integral de Formación Empresarial de Optimo Desempeñó.*

MISIÓN: Nuestra misión, es la de *Adiestrar y Capacitar a los nuevos Profesionales, Líderes, Empresarios Comprometidos y* Emprendedores *del MLM (Multi Level Marketing) también conocido como Mercadeo por Niveles Múltiples* o *Negocio Multinivel de Ventas Directas.* Brindándoles un *Equipo de Apoyo*, integrada por una diversidad de expertos en el área... Que les brindaran a los asociados de Las Distintas Organizaciones los conocimientos necesarios que les ayudaran en el proceso de aprendizaje, a través de una *Plataforma Magistral* y/o *SISTEMA INTEGRAL DE FORMACIÓN EMPRESARIAL*; bien estructurada y organizada; que le permitirá, a cada individuo lograr cumplir alcanzar sus más elevados Sueños, Metas y Objetivos dentro de la Industria Global del *Mercadeo en Red.*

VISIÓN: Estamos comprometidos con una gestión social; que se define como un servicio de formación empresarial, en la cual se puede ayudar a muchas personas a lograr *Maximizar sus Capacidades*, con el fin de crear nuevos *Líderes, Empresarios, Emprendedores* y *Networkers Profesionales;* donde Todos Compartan una Misma Filosofía de Equipo, logrando con ello refinar y actualizar sus conocimientos; a fin de *Desarrollar una Estructura Organizacional o Red de Comercialización Solida, Estable y Productiva.*

PROPÓSITO: *Los CICLOS MAESTROS de la DUPLICACIÓN y la MULTIPLICACIÓN en el NETWORK MARKETING* que hemos implementado en este manual de instrucciones, permiten a los nuevos *Emprendedores, Afiliados, Distribuidores, Empresarios y Networkers Profesionales* contar con *Leyes y Principios Universales* que les permitirán definir claramente sus Metas y Objetivos, respaldándolas con una Misión de Vida y **Un Plan de Acción Bien Definido**. *A la vez que les permitirá adquirir los conocimientos necesarios que les permitan **MODELAR** y **DUPLICAR** el sistema a sus organizaciones a fin de lograr los niveles más altos, dentro de los distintos Planes de Compensaciones que nos ofrece la Industria de Mercadeo en Red Multinivel.*

OBJETIVO: En el Portal NETWORKERS del Siglo XXI ® vivimos comprometidos con los procesos para que obtengas el nivel de éxito que tanto deseas. *Nuestro objetivo es poner en tus manos este Manual de Instrucciones; junto con el Cuaderno de Planificación Mensual y el E-Book de Conceptos y Nociones Avanzadas que son el vehículo conductor, que te llevará a conseguir los resultados.*

Te invitamos a seguir estas recomendaciones, tan fielmente cómo te sean posibles, ya que son las mismas que han seguido las personas sobresalientemente más exitosas en el **Network Marketing por Relaciones de mayor Renombre en los últimos años**.

ÉXITO ES EL RESULTADO DE LA DISCIPLINA

"La formación, la preparación y la actitud es la diferencia entre el éxito y el fracaso"
-. COACH TRANSFORMACIONAL YLICH TARAZONA. -

"Yo nunca he dicho que sea fácil, pero les prometo que tampoco será imposible... Solo tienen que estar dispuesto a pagar el precio del éxito y luego disfrutar de los resultados el resto de toda su vida".
-. COACH TRANSFORMACIONAL YLICH TARAZONA. -

"Debemos ser el cambio que queremos ver en el mundo". - **GANDHI.** -

Escrito por el **Máster Coach YLICH TARAZONA**

EL LÍDER QUE HAY EN TI

Felicitaciones; *Campeones y Campeonas,* por haber tomado la decisión de *SER* parte de la gran familia NETWORKERS del Siglo XXI ® Nosotros anticipamos mantener una larga y duradera relación con ustedes y todo su equipo, tanto en el negocio como personalmente. Al dar los primeros pasos hacia adelante en la construcción de su organización multinivel siempre recuerden: *Que el mercadeo en red es una oportunidad centrado en la* **EDIFICACIÓN** *basado en las relaciones personales.* Por tal razón; tienes que comenzar, por fortalecer la relación con tu organización (***DOWNLINE***) y con tu línea de patrocinio (***UPLINE*** *o Línea de Auspicio*). De igual forma, tienes que fomentar las buenas relaciones de equipo entre <u>TODAS</u> las líneas frontales o laterales de otras organizaciones (***CROSSLINE***) para mantener la sinergia y la participación de todos.

AL DESARROLLAR LA RELACIÓN CON TODO EL EQUIPO, te alentamos a que pienses en los valores que rigen tu vida y que son importantes para ti. Al estudiar las vidas de los *líderes más destacados; y las historias de éxito de los Empresarios Comprometidos y Networkers Profesionales que tienen los mayores resultados dentro de la Industria del Network Marketing Multinivel*, nos han revelado un importante principio —Y es que el ÉXITO de las organizaciones más exitosas a través de los años en el *Mercadeo en Red* han sido las que **se basan en el trabajo de equipo y en los valores esenciales, más que en el dinero mismo**.

¿PERO CÓMO ELEGIR UN CONJUNTO DE VALORES PARA APLICARLOS A TU NEGOCIO MULTINIVEL? Analiza tu vida y piensa qué es lo más importante para ti. Piensa en las personas quienes forman parte de tu ORGANIZACIÓN y a quienes admiras. ¿Qué comportamiento desempeñan constantemente estos grandes LÍDERES de otras organizaciones, que tú pudieras adoptar para desarrollarlas y aplicarlas en tu Negocio Multinivel?

TAMBIÉN PUEDES OBSERVAR LOS PRINCIPIOS Y LOS VALORES que guardamos en alta estima los miembros del *Equipo* NETWORKERS del Siglo XXI ® y aplicarlos en tu organización. Te prometemos; que a medida que empieces a asociarte con todo el liderazgo que viven estos valores, y empieces a aplicarlo en tu propia vida, podrás darte cuenta, que estos principios funcionan como un faro que guiarán el crecimiento de tu organización. *Recuerda que todos los líderes de la compañía y los líderes de tu línea ascendente son un respaldo esencial para ti.* Nosotros ya confiamos en ti; y si tú también lo haces, juntos podremos liderar a muchas más personas, en el camino a la realización de sus sueños...

Principios y Valores que rigen al Portal NETWORKERS del Siglo XXI

1.- Gratitud: Sé agradecido por lo que das y por lo que recibes.

2.- Libertad: Permite que cada persona escoja por sí mismo.

3.- Respeto: Se objetivo con las opiniones de las personas.

4.- Disciplina: Vive lo que enseña y Enseña lo que vives.

5.- Diligencia: Esfuérzate por lograr lo que te propones.

6.- Servicio: Amor por servir con devoción a prójimo.

7.- Compromiso Moral: Termina lo que empiezas.

8.- Honestidad: Mantén la confianza de los demás.

9.- Responsabilidad: Toma el control de tu vida.

10.- Determinación: Haz que las cosas sucedan.

11.- Humildad: Vive conforme a tus principios.

12.- Integridad: Enseña a través del ejemplo.

13.- Igualdad: Desarrolla relaciones sólidas.

14.- Lealtad: Se fiel a tus principios.

15.- Rectitud: Haz lo que dices.

EL ÉXITO ES PARA AQUELLOS, QUE ESTAMOS DISPUESTOS A PAGAR EL PRECIO Y DISFRUTAR DEL CAMINO "El éxito es más que una condición, es un estado mental. El éxito es un camino; es el logro consecutivo de pequeñas metas, y es el resultado de llevar una vida con propósito. Y para que nuestros objetivos se lleven a cabo; debemos estar dispuestos a programar nuestra mente en dirección a nuestro destino, tomar acción, ejecutar el plan o proyecto de vida y hacer que las cosas sucedan.
-. COACH TRANSFORMACIONAL YLICH TARAZONA. -

Recuerda PIENSA, SIENTE y ACTÚA como la persona que quieres llegar a SER, hasta que lo seas. "{(Ten presente que comenzamos MODELANDO una ACTITUD GANADORA y terminamos construyendo una PERSONALIDAD TRIUNFADORA)}".
-. COACH TRANSFORMACIONAL YLICH TARAZONA. -

CONTENIDO

EL CICLO MENTAL DEL ÉXITO

DESARROLLAR LA VISIÓN Y ENTENDER LA NATURALEZA DEL NEGOCIO. – "Estableciendo las Bases de Tú Negocio MLM. "Comprendiendo la Visión y la Oportunidad".

• Éste Primer CICLO; es un Proceso Mental de 5 pasos esenciales para el Comienzo de tu Negocio Multinivel que te permitiera, Desarrollar la Actitud Mental adecuadas y las Bases Necesarias en la Construcción de tus Sueños y en la Conquista de tus Objetivos.

COMIENCE CON UN FIN EN MENTE
✓ Establezca Sus Sueños
✓ Concrete sus Metas
✓ Determine sus Compromisos
✓ Elabore su Plan de Acción
✓ Enfóquese en los Resultados

EL PODER DE LA DISCIPLINA
*"El ingrediente más crucial para el éxito es la disciplina. Es el puente entre el pensamiento y el logro. Pero lo más importante, es lo que hará por ti. Te hará sentirte fabulosamente contigo mismo". -. **JIM ROHN.** -*

"Éxito es el resultado de la disciplina"
-. COACH TRANSFORMACIONAL YLICH TARAZONA. –

PRINCIPIOS MAESTRO DE LA DUPLICACIÓN Y LA MULTIPLICACIÓN

EJECUTAR EL PLAN DE ACCIÓN, TOMANDO EL CONTROL DE TU NEGOCIO. Crear una Estructura Organizacional Sólida Estable y Productiva. - Expandiendo la Visión, Creando la Plataforma Organizacional.

• Estos Primero 4 Principios del **CICLO DE LA DUPLICACIÓN Y LA MULTIPLICACIÓN** son muy activos y requieren de mucha *Acción, Disciplina y Constancia.*

Los 2 primeros pasos te permitirán *concentrar tus esfuerzos y canalizarlos* en la dirección correcta con la que quieras comenzar tu negocio.

Los otros 2 te *permitirán impulsar tu Negocio Multinivel al siguiente nivel.*

SEPA LO QUE QUIERE Y HACIA DÓNDE VA

✓ Haga una Lista de Prospectos
✓ Invite a sus Prospectos
✓ Organice sus Presentaciones
✓ Presenta la Oportunidad de Negocio

Fortaleciendo los Cimientos de Tú Organización, Construyendo las Relaciones

• Estos 3 Principios son los más *dinámicos en tu negocio*; ya que te permitirán *ponerte en contacto directos con tus prospectos y nuevos socios*, a la vez que te permitirá *fortalecer las relaciones* con cada uno de los miembros de tu organización, permitiéndote *comprender sus necesidades* y actuar en función a ello.

FORTALEZCA Y CONSOLIDE LAS RELACIONES

- ✓ Agende un Seguimiento para los próximos 24 a 48 horas
- ✓ Manténgase en Contacto con sus Prospectos y Nuevos Líderes
- ✓ Promueva y Asista a todas las Actividades del Equipo y el Sistema

Creando una Red de Comercialización Solidad, Estable y Productiva, Desarrollando Líderes con Mentalidad Empresarial

Estos últimos 3 Principios te permitirán de manera profesional ir creando tú *Plataforma Financiera* a largo plazo; por medio del crecimiento exponencial de tu *Red de Comercialización*, que te brinda esta Industria.

Al mismo tiempo que te permite *Fortalecer tu Organización de Líderes y Desarrolladores del Negocio con base en la EDIFICACIÓN, la DUPLICACIÓN y la MULTIPLICACIÓN, permitiéndote trascender en el tiempo, transferir un legado y dejar una huella a tu Organización, marcando una diferencia* en todos los miembros de tu Equipo.

MULTIPLICANDO SUS ESFUERZOS

- ✓ Ejecute su **Plan de Acción** y Planifique Mensualmente
- ✓ **Conéctese 100% al Equipo y al Sistema** de Coaching en Formación Empresarial
- ✓ **DUPLÍQUESE** Modele el Sistema y forme a sus líderes comprometidos

PERMANENCIA, PERSEVERANCIA Y PERSISTENCIA
"Permanencia, perseverancia y persistencia a pesar de todos los obstáculos, desaliento e imposibilidades: Es esto lo que en todas las cosas distingue al alma fuerte de la débil".
-. THOMAS CARLYLE. -

"El hombre que se levanta después de haberse caído una y otra vez; es aún más grande que aquellos hombres que jamás se han caído"
-. COACH TRANSFORMACIONAL YLICH TARAZONA. –

CAPÍTULO I: DESARROLLAR LA VISIÓN Y ENTENDIENDO LA NATURALEZA DEL NEGOCIO

Estableciendo las Bases de Tú Negocio MLM. "Comprendiendo la Visión y la Oportunidad".

• Éste *Primer Ciclo*; es un *Proceso Mental* de 5 pasos esenciales para el *Comienzo de tu Negocio Multinivel* que te permitiera, *Desarrollar la Actitud Mental adecuadas y las Bases Necesarias en la Construcción de tus Sueños y en la Conquista de tus Objetivos.*

COMIENCE CON UN FIN EN MENTE

Establezca sus Sueños
  ✓ *Que Quiere Alcanzar*

Concrete sus Metas
  ✓ *Cuando lo Quiere Alcanzar*

Determine sus Compromisos
  ✓ *Porque Desea Alcanzarlo*

Elabore su Plan de Acción
  ✓ *A donde estoy (Saber de dónde vas a comenzar)*
  ✓ *Para donde voy (Tomando el control de tu Negocio)*
  ✓ *Conque Cuento (Aliados, Habilidades y Recursos)*
  ✓ *Desarrolle un Proyecto de Vida (Plano, Maqueta, Mapa o Dirección).*
Procedimiento, Estrategia, Sistema y Estructura, Organización, Planeación y Realización

Enfóquese en los Resultados
  ✓ *Manténgase enfocado en lo que quiere, hasta que lo logre.*

El Éxito es "La realización progresiva de un gran sueño".

"El ejemplo no es el medio principal de influir en el otro; es el único medio"
-. ALBERT EINSTEIN. -

1.- ESTABLEZCA SUS SUEÑOS

✓ **Que Quiere Alcanzar**

"El sueño es como una fuente de energía. Es aquello que nos motiva y nos impulsa a ir más allá de nuestras limitaciones. Es el deseo ardiente, por lograr conquistar aquello que tanto anhelamos. Es algo tan poderoso y tan grande que cuando forma parte de nosotros mismos nos inspira a tomar acción. Es aquello que hace; que sigamos hacia adelante, cuando nuestra mente nos dice no podemos más. Es aquello que nos hace recorrer el kilómetro extra. Es; al fin y al cabo, la razón de existir".

No importa cuán grande sea tu sueño; si de veras crees en él y te esfuerzas consistentemente por alcanzarlo, sabemos que lo lograrás...

Uno de los principios más simples y fundamentales del éxito y la excelencia es: *"determinar hacia dónde vamos".* El conocimiento te enseñara cómo hacer las cosas; pero el ENFOQUE es lo que te llevara a *Tomar Acción*. Y esto llega únicamente, a aquellos que saben que es lo que realmente desean alcanzar en sus vidas.

Aquellos que están dispuestos a pagar y disfrutar el precio para conseguir lo que quieren; aquellos que tienen fe, convicción, coraje y persistencia hacia lo que desean, aquellos que, armados con estas virtudes, han salido a la *Conquista y Consolidación de sus más Anhelados Sueños.*

Alguna vez **NAPOLEÓN HILL** dijo que... *"Nunca lograras nada; al menos que tengas un deseo ardiente por Alcanzarlo".*

Todo en el mundo; se crea dos veces, Primeramente, en lo Profundo de nuestra Mente y segundo en nuestros Pensamiento. Luego se Materializa en la Realidad, en todas sus formas. **COACH TRANSFORMACIONAL YLICH TARAZONA. -**

COMENZANDO CON UN FIN EN MENTE

Visualización, Enunciados de Éxito y Cartelera de Los Sueños. Para ayudarte a DEFINIR TUS SUEÑOS, te sugerimos que te formules las siguientes preguntas:

Si dentro de los próximos 10 años se te pidiera que presentaras una lista de todos aquellos logros de los cuales te sentirías más orgulloso ¿Qué escribiría en esa lista?

¿Qué te gustaría lograr con tu vida si tuviera el tiempo, el dinero, el talento, la salud y el apoyo de tu familia de manera ilimitada?

¿Qué clase de actividades desearías estar disfrutar aún más en compañía de tus familiares y amigos? ¿Qué nuevas habilidades te gustaría desarrollar?

¿Cuáles son aquellos sueños, aspiraciones e ideales que verdaderamente deseas alcanzar? ¿Dónde desearía encontrarte dentro de los próximos 2, 3 a 5 años?

¿Qué clase de actividad te gustaría estar desempeñando?

¿Qué ciudad quieres conocer? ¿En qué casa quieres vivir?

¿Qué persona quieres conocer para una relación de pareja?

¿Qué clase de automóvil quieres manejar? ¿A dónde viajarías o qué país visitarías?

¿En qué clase de servicio comunitario quisieras participar?

LA VISUALIZACIÓN DE LOS SUEÑOS SON LOS MÁS GRANDES CREADORES DE NUESTRA REALIDAD *"Los grandes logros comenzaron como un sueño en la mente de una persona. Al igual que todo ser se encuentra en la semilla que lo engendra, el roble duerme en la bellota, el ave espera en el huevo; él bebe se desarrolla y crece en el vientre de la madre. Pero los sueños son las semillas de grandeza que espera impaciente en tus pensamientos para hacerse realidad. ¡Querer es poder! ¡Soñar es lograr! Visualizar tus objetivos es crear en la mente la realidad que sabes que indudablemente está por venir".* -*JAMES ALLEN.*

EL PODER DEL ESTABLECIMIENTO Y LA DEFINICIÓN DE METAS PARA EL LOGRO DE OBJETIVOS "Comprendan cabal y claramente que es lo QUÉ realmente quieren lograr alcanzar en cada aspecto de su vida. Tenga METAS y OBJETIVOS claros, bien definidos y establecidos paso a paso. Esto evitará que se ponga a perder el tiempo en no saber qué hacer ni por DÓNDE comenzar. CUANDO usted sabe el PORQUÉ y con QUIEN desea compartir sus triunfos, esto hará que se ponga en marcha a ejecutar su COMO plan de acción hasta conseguirlo. Pero sobre todo le permitirá ponerse en marcha enfocado en el resultado final, centrado en su visión y misión de propósito"

-. COACH TRANSFORMACIONAL YLICH TARAZONA. -

Escrito por el **Máster Coach YLICH TARAZONA**

VISUALIZA TUS SUEÑOS:

> *Para materializar los sueños; en la vida real, tienes que imaginártelos vívidamente, sentir la sensación de haberlos logrado YA, tenerlos presentes en cada momento e instante de tu vida, todos los días, bien sea en tu casa u oficina.*

Podrías recortar imágenes de revistas específicas de tus sueños y ponerlas en lugares visibles para ti, hacer un tablero de visión o cartelera de los sueños, igualmente escribirlo en tu agenda o diario personal. Esto te ayudara a recordar tu deseo ardiente constantemente y te motivara a desarrollar tu Negocio Multinivel.

Cuanto más específico seas; mucho mejor será la visualización, recuerda que la mente humana nunca hace diferencia entre un suceso real y uno imaginado. Por eso la visualización es tan efectiva.

Este ejercicio te ayudará a mantener tu batería cargada a su más alto nivel, serás un ejemplo para tu organización, pero sobre todo te mantendrás alegre y *Enfocado*.

Recuerda que somos *creadores* de nuestra realidad, las personas somos como imanes, *atraemos* todo en lo que pensamos y en lo que enfocamos nuestra energía la mayor parte del tiempo.

EL PODER DE LOS SUEÑOS, METAS Y OBJETIVOS
"Si usted puede soñar con eso que desea lograr, usted puede hacerlo"
-. *WALT DISNEY*

"Tú nunca conseguirás alcanzar aquello que quieres... Tú solo lograrás alcanzar aquello que puedas visualizar claramente"
-.ZIG. ZIGLAR. -

ESTABLECE TUS SUEÑO, TU VISIÓN PERSONAL

- ¿Cómo te ves en los próximos 2, 3 a 5 años?

¿Qué es lo que realmente quieres Lograr Alcanzar en esta Industrial del Network Marketing Multinivel, con la Oportunidad que las Redes de Mercadeo te Ofrecen?

Visualízalo, Siéntelo hazlo parte de TI y Escríbelo detalladamente.

EL PODER DE UNA VISIÓN
"Prefiero los sueños del futuro que la historia del pasado"
-THOMAS JEFFERSON.

"Las METAS claras y por escrito te transforman de una persona con metas vagantes en una persona con un PROPÓSITO específico"
-.ZIG. ZIGLAR. –

2.- CONCRETE SUS METAS

✓ **Cuando lo Quiere Alcanzar**

¿Qué son las *Metas*?... Las metas son como los faros que guían nuestras decisiones e iluminan nuestros caminos rumbo al destino que hayamos escogido, las metas se convierten en el mapa o dirección que nos llevaran del lugar donde nos encuéntranos actualmente, el <u>PUNTO A</u> hasta el destino final a donde realmente queremos estar el <u>PUNTO B</u>.

Las METAS comienzan a aparecer cuando nos comprometemos a convertir nuestros sueños en realidad, tomamos conciencia de nuestro propósito y misión de vida, creando y desarrollando un plan de acción concreto y bien definido, que nos permita lograr cada uno de nuestros objetivos en un lapso establecido previamente.

Las *METAS* a la vez; nos permiten tomar acción de manera constante para desarrollar nuestro Negocio Multinivel de forma profesional, proporcionándole sentido y valor a nuestra vida.

En la *Industria del MLM*; el concepto de *Multinivel* que desarrollamos a través de las *Redes de Mercadeo*; hay METAS muy básicas pero vitales en el proceso del crecimiento de tu negocio, estas son: *cuanto volumen de productos moverás* al mes, *cuantas llamadas telefónicas* harás por día, *cuantas Presentación de Oportunidad* enseñaras, *cuantas reuniones de seguimiento* establecerás, *cuantas llamadas de motivación* realizaras a tus desarrolladores, entre otras. Estas METAS hacen parte del proceso a seguir día a día.

Antes de avanzar, al siguiente paso siéntate con tú patrocinador, líder o algún miembro de tu línea de auspicio para *establecer tus metas* a: corto, mediano y a largo plazo. Junto a ellos; podrás determinar el tiempo en que quieres alcanzarlas cada una de ellas y el *plan de acción* a seguir paso a paso.

Desarrollar la red; es una meta de vital importancia en el desarrollo del Negocio, ya que el *100% de cero (0) personas es igual a cero (0) ganancias.*

Por tal razón una de las <u>*Principales Metas*</u> al iniciar tu negocio, debe ser la de *PATROCINAR personalmente a tus primeros 10 a 15 Desarrolladores y Líderes de Negocio* para comenzar a la multiplicación exponencial de tu organización.

En función de tus objetivos y del tiempo que le dediques a la construcción de la RED, tu mentor te ayudara a establecer las metas de: *Cuantas presentaciones del Negocio y Plan de Oportunidad* enseñaras, *cuantas presentaciones personales 1ª1* Uno a Uno, *cuantas Reuniones en Casa, cuantas charlas de productos, cuantos nuevos clientes, cuanto nuevos contactos, cuantas invitaciones, cantidad de personas invitada* a los eventos promovidos por la compañía, el Equipo y El Sistema de Formación del Portal **NETWORKERS del Siglo XXI ®**. Recuerda que... *"Un sueño sin un plan de acción, se convierte en una ilusión".*

VISIÓN, MISIÓN Y PROPÓSITO

"Solo; cuando pienses en grande, cuando pienses que puedes, cuando tengas la convicción y certeza que lo vas a lograr y determinas salir de tú zona de confort. Y comienzas a perseverar en tú visión y misión de propósito, hasta lograr alcanzar todas y cada una de tus más anheladas metas y pongas en acciones tus planes para ir firmemente tras tus sueños y comiences a creer en ti. Entonces es ahí; que empezaras a disfrutaras de los resultados de haber conquistado tus objetivos antes propuestos" ...

— *COACH TRANSFORMACIONAL YLICH TARAZONA.*

TOMANDO EL CONTROL DE TU VIDA – Definiendo metas a corto, mediano y largo plazo.

Este ejercicio tiene como objetivo; concretar nuestros METAS, en plazos determinados y definir las fechas bases para su cumplimiento. Cuando programamos nuestra mente; con nuestra misión y visión de propósito, hay mayores probabilidades de éxito en lograr conquistar nuestros más anhelados sueños y aspiraciones.

    ✓   **Metas para los próximos 7, 15 y 21 días hasta el 3er Mes.**
Mi META a Corto Plazo es

    ✓   **Concrete sus Metas para los próximos 06 Meses hasta los siguientes 2 Años.**
Mi META a Mediano Plazo es

    ✓   **Concrete sus Metas para los próximos 3 Años hasta los siguientes 5 Años.**
Mi META a Largo Plazo es

    ✓   **Concrete sus Metas para los próximos 6 Años hasta los siguientes 10 Años.**
Mi META a Largo Plazo es

    ✓   **Concrete sus Metas para los próximos 10 Años hasta los siguientes 20 Años.**
Mi META a Largo Plazo es

"Usted puede tener en la vida todo lo que desean. Si solo ayudan, a otros a lograr lo que ellos quieren". -**ZIG ZIGLAR**. Conferenciante motivacional norteamericano.

COMENZAMOS VISUALIZANDO LO QUE QUEREMOS Y TERMINAMOS MATERIALIZANDO NUESTROS SUEÑOS A LA REALIDAD "Si quieres una cualidad, actúa como si ya la tuvieras. Prueba la técnica del «como si ya»"
-. WILLIAM JAMES. -

3.- DETERMINE SUS COMPROMISOS

✓ **Porque Desea Alcanzarlo**

DETERMINE SUS COMPROMISOS

Comprométase con <u>Usted Mismo</u>
(Sus Sueños, Metas y Objetivos)
Comprométase con <u>La Visión</u>
(El Concepto de la Industria y La Oportunidad de Negocio)
Comprométase con <u>La Empresa</u>
(Sea Leal a la Compañía y a sus Productos)
Comprométase con <u>El Sistema</u> Educativo
(Sistema de Formación Empresarial)
Comprométase con <u>El Equipo</u>
(Patrocinador y Línea de Auspicio)
Comprométase con <u>Los Principios</u>
(Valores enseñados por los NETWORKERS del Siglo XXI ®)

DETERMINE SUS COMPROMISOS

En mis años como emprendedor en esta industria, muchas veces pude observar a personas de mi organización que trabajan todo el día y todos los días, pero sin embargo no lograban generar resultados acordes a sus aspiraciones. Al conversar con ellos para orientarlos; por lo general, pude llegar a la conclusión de que: *<u>no estaban comprometidos con las tareas que realmente eran productivas para obtener los resultados deseados, y hasta en ciertos casos estabas desviados de la visión</u>*.

Según las estadísticas, un *20%* de las tareas que efectuamos en nuestro negocio, producen el 80% de los resultados, y viceversa. O sea, que podemos estar muy activos; pero poco productivos. Es decir; que tal vez, estemos comprometidos en el 80% de las tareas que tan solo nos producen un *20%* de los resultados esperados. Por tan razón es importante evaluar las tácticas y estrategias que estamos aplicando para general los resultados...

A continuación, te orientare para que sepas en que enfocarte y comprometerte para lograr tus objetivos dentro de esta gran Oportunidad que te ofrecen las Redes de Mercadeo.

COMPROMÉTETE...

— ... A motivar a tus DESARROLLADORES hasta convertirlos en líderes.

— ... A enseñar a tus LÍDERES a *Duplicarse* junto con sus Desarrolladores, cada uno según su compromiso.

— ... A cubrir con tu cuota de activación mensual y mover los volúmenes de productos requerido por la compañía, y Enseñar a tu Organización hacer lo Mismo.

COMPROMÉTETE...

... Con tu Equipo y la línea de auspicio, recuerda que ellos confiaron en ti y son parte del equipo con que cuentas para conquistar tus sueños.

... Con los clientes, distribuidores y desarrolladores que afilies al negocio, recuerda que ellos entraron por ti; y ellos llegaran tan lejos como tú lo visualices.

... Con tu proceso de formación empresarial permanente y la de tus nuevos asociados y desarrolladores, así todos lograran como equipo desarrollar el Negocio Exitosa y Profesionalmente.

COMPROMÉTETE...

... Con el Sistema Educativo y el *Equipo de apoyo*; del cual eres parte, en la organización que representas.

... Con la Visión y Misión de la *Compañía*.

COMPROMÉTETE...

... Con el respaldo que te brinda el *Sistema Integral Formación del portal* NETWORKERS del Siglo XXI ®

LA MOTIVACIÓN ES UN PROCESO DIARIO QUE DEBEMOS HACER PARA MANTENERNOS ENFOCADOS *"La gente dice que la MOTIVACIÓN no dura. Tal vez para mucho eso sea verdad... Bueno, pero recuerden que tampoco bañarse dura todo el día. Por eso recomiendo hacer AMBAS COSAS MOTIVARSE y bañarse diariamente."*
*- **ZIG ZIGLAR**. -*

EL PODER DE LA ACCIÓN, LA EJECUCIÓN Y EL ENFOQUE

"Entre mayores sean tus esfuerzos y constante dedicación a una meta preestablecida con anticipación y planeación. Mejores serán los resultados y los logros obtenidos"
-. COACH TRANSFORMACIONAL YLICH TARAZONA. -

¿QUÉ ES EL COMPROMISO?

Compromiso es lo que transforma una PROMESA y un SUEÑO en realidad. Es la palabra que habla con coraje de nuestras intenciones. Y las acciones que hablan más alto que las palabras. Es hacerse del tiempo cuando no lo hay. Es salir airoso una y otra vez; año tras año, tras la adversidad. Compromiso es el factor clave que forja el carácter; es el poder de cambiar y transformar las cosas. Es el triunfo diario de la integridad sobre el escepticismo.

Hay muchas personas que hablan sobre el compromiso, y otros que "*son el compromiso*".

Los integrantes de la NETWORKERS del Siglo XXI ® "*somos el compromiso*"; Únete…

IMPORTANTE: *Establezca compromisos sólidos para asegurar las bases del ÉXITO en esta gran Oportunidad de Negocio Multinivel.* Su primer compromiso debe ser *Conectarse 100% al Sistema de Negocio creado por la compañía, Conectarse 100% al Equipo, que usted representa, y Conectarse 100% al respaldo que te brinda el portal* NETWORKERS del Siglo XXI ®. Su segundo compromiso debe ser Completar 100% los Ejercicios del PATRÓN DE ACCIÓN, que hemos incorporado en *sistemáticamente* en este manual de instrucciones.

Si usted se *compromete 100%* a cumplir fielmente con los compromisos de completar cada uno de los ejercicios. Le prometo que esos sueños, metas y objetivos funcionarán para usted. La preparación, la disciplina y la determinación son factores muy importantes para el logro de los RESULTADOS. Es sencillo seguir el PATRÓN DE ACCIÓN, pero nada se logra sólo con leer campeones y campeonas, hay que realizar y completar los ejercicios, poner en práctica cada una de las acciones asumidas para producir los resultados esperados.

Si usted se *compromete 100%* a poner en práctica fielmente los pasos del *Sistema Integral de Formación Empresarial*, creados por el portal NETWORKERS del Siglo XXI ® ella funcionará para usted. *El Modelaje, la Duplicación y la Repetición son factores muy importantes para la construcción de una organización sólida, estable y productiva*. Es sencillo seguir el *Sistema de Formación*; pero nada se logra sólo con leer, hay que poner en práctica cada una de las acciones, para producir los resultados, así que pongámonos en acción.

METAS y COMPROMISOS PARA DESARROLLAR MI NEGOCIO

✓ **Mi Compromiso y Meta para los Primeros 7, 14 y 21 Días es:**

Sugerencia: Afiliar a un promedio de 10 a 15 nuevos Clientes, Distribuidores y Líderes Comprometidos en Hacer el Negocio, en mi Primer Mes.

✓ **Mi Compromiso y Meta de Tiempo es:**

Sugerencia: Dedicar de 10 a 16 horas a la Semana a la Construcción de la RED.

✓ **Mi Compromiso con la Meta de Liderazgo es:**

Sugerencia: Motivar a mis Líderes Comprometidos a Aplicar el Sistema y Duplicarse.

✓ **Mi Compromiso con la Meta de Crecimiento es:**

Sugerencia: Mantenerme Activo, Consumir, Mover y promocionar los Producto y Calificar a una Posición de liderazgo en mis primeros 21 Día.

✓ **Mi Compromiso con la Meta de Ingresos Mensual es:**

Sugerencia: Crear un flujo de ingreso semanalmente, Consumir el Producto y Tener un movimiento de volumen Quincenal, a través de Clientes Preferentes y Activar el Generoso Plan de Compensación, para generar Ingresos por medio de las distintas formas ganar.

✓ **Mi Compromiso con el Sistema Educativo y el Equipo de mi Compañía es:**

Sugerencia: Apoyar en las Reuniones, Actividades, Eventos y Presentaciones de Oportunidad, Respaldar a mi Equipo y a TODA la Organización de la Compañía.

LOS COMPROMISOS DETERMINAN TU COMPROMISO *«Cualquier cosa menor que un compromiso consciente de lo que es realmente importante para TI; es un compromiso inconsciente de lo que es trivialmente sin importancia para nadie».* -**STEPHEN R. COVEY.**

MI COMPROMISO CON LA EXCELENCIA 1 parte

Yo, _____ *ME COMPROMETO* **contigo** _____

Seguir fielmente los pasos del *Sistema Integral de Formación Empresarial creados por* el portal NETWORKERS del Siglo XXI ®.

Incluyendo la asistencia a las *Reuniones Semanales, Presentación de Oportunidad* y otros *Eventos de Capacitación*, entrenamiento, formación y liderazgo Virtuales Online o Presenciales, patrocinados por la Compañía y el Equipo.

Me comprometo: a cumplir todos y cada uno de mis más anhelados sueños que he definido en el paso 2 de mi *Cuaderno de Planificación* y las metas que me he establecido en la actividad de *Mis Compromisos para mis primeros 21 Días.*

Me comprometo: *a dejarme guiar* por mi patrocinador, línea de auspicio, El Equipo y seguir los pasos necesarios para hacer, que las bases de mi Negocio Multinivel prosperen. Y así obtener la clase de vida que merezco. Porque sé; que puedo lograrlo.

— Me comprometo: hablar por lo menos con 3 a 5 nuevas personas al día de la Oportunidad de Negocio que ofrece el MLM y trabajar junto con el Equipo y el portal NETWORKERS del Siglo XXI ®. Para desarrollar la red y hacer crecer mi organización, sólida, estable y productiva.

Me comprometo: a invertir un mínimo de 10 a 16 horas semanales a mí Negocio Multinivel.

Me comprometo: a mantenerme activo con mi cuota mensual en cada ciclo y Consumir fielmente los Productos de la Compañía y mantener el movimiento de volumen bien sea quincenal o mensual.

Firma del Desarrollador: _____ *Fecha:* _____

MI COMPROMISO CON LA EXCELENCIA 2 parte

Yo, _____ me comprometo contigo _____ a:

Enseñarte en el inicio de tu Negocio Multinivel; los pasos a seguir, de *los Ciclos Maestros de la Duplicación y la Multiplicación en el Network Marketing* y MOLDEARTE cómo se da el *Plan De Negocio* y *Presentación de Oportunidad* hasta que lo aprendas.

Me comprometo: a llevar a cabo mensualmente una *Planificación Empresarial*; con el propósito de *Realizar Un Plan de Acción*, concreto y bien definido. Que te permita poner en marcha tú Negocio de Redes con éxito y *Lograr Resultados Permanentes* en tu organización

Me comprometo: a formarte en el inicio de tu carrera como <u>NETWORKER PROFESIONAL</u> Empresario y Líder dentro de la Industria de la Comercialización por Red de Mercadeo y desarrollar estrategias regularmente que permitan lograr los objetivos antes propuestos.

Firma del Patrocinador: _____ ***Fecha:*** _____.

Tengo la firme convicción y la certeza que el resultado final que alcance con la oportunidad de negocio que me ofrece el MLM; será una consecuencia de mi determinación, esfuerzo personal, y disciplina con la ejecución del Sistema y Plan de Acción de la misma...

DISCIPLINA, PROACTIVIDAD Y PRODUCTIVIDAD

*«Ser proactivos es mucho más que simplemente tomar la iniciativa, es entender que nuestra conducta debe ser en función de nuestras decisiones y nunca de nuestras condiciones». - **STEPHEN R. COVEY***

4.- ELABORE SU PLAN DE ACCIÓN

✓ **Enfóquese en Generar los Resultados**

✓ Identifique como Desarrollar su Negocio *(Comprenda el Plan y Desarrolle la Red)*
✓ Agende y Planifique con su Líder un Plan *de Acción para los primeros 7, 15 y 21 días* hasta el 3er Mes
✓ *Establezca junto con el Equipo y su Línea de Patrocinio* (UPLINE) *las acciones a tomar* para iniciar este paso II

PLAN DE ACCIÓN

A diferencia de muchas otras actividades; puedes iniciar este negocio, sin conocimientos previos. Porque mientras comienzas a desarrollarlo junto a la Compañía, el *Equipo*, tu línea de auspicio y el respaldo del portal NETWORKERS del Siglo XXI®, podrás aprovechar las herramientas que te proveemos en nuestro *Sistema Integral de Formación Empresarial*.

NETWORKERS del Siglo XXI ® *te* provee de: herramientas de última generación, entrenamientos virtuales ONLINE y presenciales actualizados, así como también una gran variedad de Videos DVDs, Audios CDs, Material Impreso, Manual de Instrucción, Cuaderno de Planificación y un Sistema Interactivo a través de su Blog tipo Pagina WEB, Redes Sociales, Skype, Facebook, Twitter, YouTube, Google entre otros, que te permitirán estar al día con tu negocio.

A la vez que pone a tu alcance el *Sistema Integral de Formación Empresarial*; a través de entrenamientos, reuniones semanales, capacitaciones de formación entre otros, patrocinadas por el portal NETWORKERS del Siglo XXI ® que te permitirá aprender, directamente de *los Líderes y Empresarios de las diferentes organizaciones* que están triunfando y te muestran el camino que han recorrido para que tú; al igual que ellos, también puedas hacerlo.

OBJETIVOS DE LAS REUNIONES SEMANALES (OP Presentación del Plan de Oportunidad):

Que tus invitados puedan ver la presentación de negocio, explicada por otros líderes; y puedan ver que hay más desarrolladores y empresarios de la zona, teniendo resultados.

Seguimiento para las personas que han escuchado la oportunidad de Negocio recientemente en los últimos días, y están interesado en Consumir o Distribuir los productos o ser parte de tu organización como Empresarios Independientes.

Aprender a dar la Presentación del Plan de Oportunidad, a través del MODELAJE *de los Líderes y Empresarios comprometidos que ya experiencia y los tienen resultados.*

OBJETIVOS DE LOS TALLERES DE ENTRENAMIENTO:

✓ Entrenamiento de la Presentación del Plan de Oportunidad y la VISIÓN del Concepto de las Redes de Mercadeo o Network Marketing Multinivel.

✓ Planificación y Desarrollo de estrategias para Maximizar las *Redes y Organizaciones.*

✓ Entrenamientos de Productos para *Líderes y Desarrolladores comprometidos.*

OBJETIVOS DE LOS RALLY, CONFERENCIAS, NOCHES DE ÉXITO, CENA DE GALA y CONVENCIONES.

Estos son los eventos más grandes, patrocinados por la Compañía, el Equipo y la **NETWORKERS** del Siglo XXI ® *donde* tendrás la oportunidad de compartir con personas de distintas ciudades y países de todo el mundo.

Veras a los distintos líderes, Empresarios, Networkers y desarrolladores comprometidos, siendo reconocidos por sus logros; así como también TÚ serás reconocido por los tuyos.

Escucharas *Historias de Éxito* de Empresarios Comprometidos provenientes de distintas profesiones, clases socioeconómicas y culturales; que te ayudaran tanto a Ti, como a otros miles de personas a sentirse identificados dentro del Equipo y la Oportunidad.

PLAN DE ACCIÓN SEMANAL
Semana del: _____ al: _____.

PLAN DE ACCIÓN	Metas	LUN	MAR	MIE	JUE	VIE	SAB	DOM	Total
Preparación de la Presentación									
Invitaciones Realizadas									
Llamadas Telefónicas									
Presentaciones de Negocios Realizadas									
Presentación del Plan OP 1ª1									
Personas Nuevas Inscritas Personalmente									
Personas Inscritas en Líneas Descendientes									
Asistencia a los Multiplanes y Eventos									
Asistencia a las Reuniones Principales									
Personas Nuevas Llevadas a la Reunión									
Movimiento y Volumen de Productos									
Nuevas Referencias Obtenidas									
Nuevos Prospectos Añadidos a la Lista									
Entrega de Material de Prospección									
Entrega de Material de Seguimiento									
Nuevos Desarrolladores Inscritos									
Nuevos Líderes Comprometidos									
Seguimientos Realizados									
Planificaciones Empresariales									
Preparación y Desarrollo Personal									
Audiolibros Escuchados									
Videoconferencias Vistos									
Numero de Pagina Leídas de mi Manual									
TOTAL									

A parte de este *Plan de Acción Semanal*; hemos desarrollado una secuencia de pasos, que si los aplicas de manera sistemática te ayudaran a concretar tus metas y compromisos.

1. *Hacer una lista de familiares, amigos y conocidos.*
2. *Invitar a tus prospectos, a las reuniones de negocio.*
3. *Presentar la Presentación del Plan de Oportunidad y los productos.*
4. *Auspiciar a tus líderes y desarrolladores comprometidos.*
5. *Hacer el seguimiento y la planificación de los nuevos líderes y afiliados.*
6. *Verificar el progreso de tu organización y planificar con tus líderes mensualmente.*
7. *Duplicarte a través del MODELAJE y la aplicación constante del sistema educativo.*

¿QUE DISTINGUE A LOS GANADORES DE LOS PERDEDORES?

"Que los GANADORES se concentran en todo momento en lo que ellos saben que pueden hacer bien, sus talentos, fortalezas, competencias, habilidades y destrezas. Aunque reconocen que tienen debilidades; nunca se enfocan en ellas, sino trabajan sobre ellas... Mientras que los perdedores se dispersan pensando en todo momento en aquellas cosas que no quieren hacer mal; enfocándose en sus debilidades, limitaciones y falta de talento, aunque saben que tienen fortalezas, parece que jamás se percatan de ellas... Si eres bueno persuadiendo vendiendo o comunicándote, entonces enfócate en esas potencialidades, y tus debilidades se harán fuertes a medida que trabajas en ellas poco a poco, sin dejar a un lado aquellas cosas en la que sabes que eres realmente bueno... Aquí radica la gran diferencia que marca la diferencia entre los GANADORES y perdedores, la forma de actuar antes las adversidades"

-. COACH TRANSFORMACIONAL YLICH TARAZONA. -

CALENDARIO DE ACTIVIDADES MENSUAL

CALENDARIO DE ACTIVIDADES MENSUAL. Mes: _____ Calificación: _____							
Semanas Par / Impar	Lunes	Martes	Miércoles	Jueves	Viernes	Sábado	Domingo
1 SEMANA							
2 SEMANA							
3 SEMANA							
4 SEMANA							
5 SEMANA							

CAPÍTULO II: EJECUTANDO EL PLAN DE ACCIÓN

LOS 10 PRINCIPIOS MAESTRO DE LA DUPLICACIÓN Y LA MULTIPLICACIÓN EN EL NETWORK MARKETING

EJECUTAR EL PLAN DE ACCIÓN, TOMANDO EL CONTROL DE TU NEGOCIO. CREAR UNA ESTRUCTURA ORGANIZACIONAL SÓLIDA ESTABLE Y PRODUCTIVA. -

Expandiendo la Visión, Creando la Plataforma Organizacional

• Estos Primero 4 Principios del *CICLO DE LA MULTIPLICACIÓN* son muy activos y requieren de mucha *Acción, Disciplina y Constancia.* Los 2 primeros pasos te permitirán *concentrar tus esfuerzos y canalizarlos* en la dirección correcta con la que quieras comenzar tu negocio. Los otros 2 te *permitirán impulsar tu Negocio Multinivel al siguiente nivel.*

SEPA LO QUE QUIERE Y HACIA DÓNDE VA

1.- HAGA UNA LISTA DE PROSPECTO
- ✓ Líderes y Desarrolladores de Redes
- ✓ Consumidores y Distribuidores
- ✓ Lista de Referidos entre otras.

2.- Invite a sus Prospecto
- ✓ Presentaciones del Plan de Oportunidad
- ✓ Reuniones Principales del Equipo y el Sistema

3.- Organice sus Presentaciones
- ✓ Reunión de Casa
- ✓ Presentación 1ª1
- ✓ Reuniones Principales o Multiplanes

4.- Presente la Oportunidad OP
- ✓ Concepto del Negocio y Plan de Oportunidad

1.- HAGA UNA LISTA DE PROSPECTO

✓ Líderes y Desarrolladores de Redes
✓ Regional, Nacional e Internacional

HACER UNA LISTA DE PROSPECTOS:

Esta lista debe ser dinámica, es decir se deben incorporar nuevos nombres todos los días a la misma. Recuerda que cuanto más grande y completa sea la lista, más posibilidades de éxito tendrás. Ningún negocio de *distribución por redes de mercadeo* y *comercialización multinivel*; funciona sin esta lista, imagina lo que sería el negocio de un vendedor de pólizas de seguros, sin una lista de prospectos a quien llamar. Si tú estás aplicando este *Plan de Acción*; es porque en algún momento, alguien te puso en una lista.

> Recuerda que los ingresos residuales que generamos como ganancias por nuestro negocio MLM; proviene de los volúmenes de productos que movemos, tanto individual como grupal y la construcción de la organización dentro de la industria de mercadeo en red.

Y estos solo puede ser posible, a través del patrocinio constante en nuestra estructura de nuevos clientes, distribuidores y desarrolladores. *Algunas personas de tu lista van a iniciar el negocio y otras no.* A las que no inicien el negocio; les puedes pedir referidos, en cualquiera de las 3 categorías, esto te va a ayudar a agregarlos a tu lista.

PASOS PARA HACER UNA LISTA DE CALIDAD

Con la ayuda de tu agenda y de tu memoria comienza a organizar todos tus contactos en una lista. Esto puede ser en la plantilla realizada por la **NETWORKERS del Siglo XXI ®**, que se muestra en las próximas páginas o puedes utilizar un block de hojas, como lo prefieras. Lo importante es que anotes todos los nombres y dejes espacio para completar con los teléfonos, mail, redes sociales (Skype, Facebook, Twitter, Google +, YouTube, LinkedIn, Blog).

Además, que puedas ir haciendo anotaciones de lo que sucede cada vez que los llames. *Es muy bueno que dividas tú lista en:* local, regional, nacional e internacional, Lista Caliente Familiares, Amigos y Conocidos, Lista de Clientes, Distribuidores, Referidos y Contactos al Frio

LISTA DE EJERCITACIÓN MENTAL

En la lista van todos tus conocidos sin pensar si pueden o no hacerlo, si le gustará o no, si tiene tiempo o no, si tiene dinero o no. *Dejemos que cada uno de ellos decida por sí mismo, sin prejuzgarlos.*

Ya que nos hemos sorprendido con personas que pensábamos que no harían el negocio, o consumirían el producto y resultan con grandes organizaciones o nos presentan a alguien que lo hace en grande, así que invita a todos y HAS QUE LAS COSAS SUCEDAN...

Debes tener en la lista en tu primera semana; de entre 100 A 200 personas como mínimo, de esta manera tendrás personas con quien trabajar y encontrar a tus primeros clientes, desarrolladores y *líderes comprometidos en desarrollar la Red de Comercialización.*

Recuerda que la oportunidad que ofrecemos tiene que ver con el estilo y calidad de vida de las personas; bien sea en *(Tiempo, Dinero o Salud).* Hay gente que se interesara por las *tres (3) opciones* mientras otras solo por *una o dos (1 o 2) de ellas,* así que por estas razones; nuevamente TE RECOMENDAMOS, PONER A TODOS A QUIENES CONOZCAS EN TU LISTA.

DOS TIPS QUE TE AYUDARAN A NO PREJUZGAR

1. Nunca se sabe a quién le va a interesar y a quien no, hasta que les presentes la oportunidad de Negocio y le des a conocer los productos y servicios que ofreces.

2. Nunca se sabe a quién ÉL conoce, que tú no conoces aún.

Repasa la lista que se presenta a continuación y pregúntate a ti mismo "¿A quién he conocido alguna vez que sea o haya sido, ___?".

Recuerda que todavía no necesitas números telefónicos o direcciones, tampoco nombres propios si no los sabes. Simplemente anota cualquier persona que recuerdes, incluyendo al empresario, profesional, dueño de negocio, la cajera del supermercado, el hombre que corta el césped de tu casa y la pareja propietaria de la florería local. Ahora solo estás recordando... *más adelante llenaremos la lista de prospectos y la lista de referidos.* **"ESTA LISTA TIENE EL PROPÓSITO DE ACTIVAR TU MEMORIA"**

COLEGAS DEL TRABAJO:
Gerente/Supervisor
Secretaria/Recepcionista
Asistente de ventas
Guardia de seguridad

PERSONAS QUE...
Perdieron el trabajo
Van a ser despedidas
Jubiladas o Retiradas
Personas que trabajan por cuenta propia
Están buscando nuevo empleo
Necesitan trabajo "part-time"

FAMILIARES Y AMIGOS:
Esposo/a
Hijos adultos
Madre/Padre
Hermana/Hermano
Cuñada/Cuñado
Tía/Tío
Prima/Primo
Padrino/Madrina
Mejores amigos

COLEGAS DE LA ESCUELA:
Director/a
Maestros/Asistentes
Director de coro/orquesta
Consejero familiar
Enfermera de la escuela

GENTE EN ACTIVIDAD DE:
Enfermero/a
Especialista - Médico/a
Dentista /Quiropráctico
Farmacéutico
Nutricionista / Naturista
Policía / Bombero

Conductor de ambulancia
Escritor/a - Periodista
Maestro/Docente
Bancario/Cajero
Contador/Abogado
Manicurista/Pedicuirista

DISTRIBUIDOR/A INDEPENDIENTE DE:
Artículos Tupperware
Ventas por Catálogo
Ventas de Productos
Artículos de Belleza, Avon, L-bel
Productos Jafra, Mary Kay
Productos Forever Living
Productos Natural Sunshine
Productos Herbalife, Omnilife
Productos Nu-Skin, FuXion
Productos Amway, TelexFree
Productos TalkFusión, 4Life
Productos L´eudine, Illusión, Unicity
Productos Xango y Órgano Gold
Trabajadores independientes

PERSONAS QUE TRABAJAN DE:
Mecánico automotriz
Encargado estación de servicio
Representante telefonía móvil
Empleado de grandes tiendas
Empleado de galería comercial
Empleado alquiler de películas
Carnicero / Cocinero / chefs
Camarera / Barman / Lavaplatos
Dueño de negocio/Empresario
Orador público, conferencista
Fotógrafo- Tipógrafo
Locutor de radio / productor
Artista, Músico, Pintor
Familiares, Amigos y Conocidos

En esta lista pudiste *RECORDAR* personas que conociste o quizás conoces muy poco, pero en tus actividades diarias seguirás conociendo personas que pueden estar buscando una ALTERNATIVA FINANCIERA o un Plan B, y que estarán dispuestos a recibir la información y escuchar la *Presentación de Oportunidad* o conocer tus *Exclusivos Productos*.

En esta misma guía te pusimos un espacio para que continúes agregando personas a la lista.

Recuerda que la promoción de tu Negocio; depende de ti, si lo mantienes en secreto, te costara mucho encontrar consumidores y desarrolladores comprometidos.

TRABAJO EN EQUIPO
"Unirse es un comienzo. Mantenerse juntos es un progreso. Pero Trabajar juntos en Equipo es un Logro de Éxito". — **HENRY FORD**

El personal determina el potencial del equipo. La visión determina la dirección del equipo. El trabajo determina la preparación del equipo. El Mando determina el éxito del equipo"
-. JOHN C. MAXWELL. -

LISTA DE PROSPECTOS

Nº	NOMBRE Y APELLIDO	Teléfono Móvil o Fijo	Correo / E-mail	Observaciones
1				
2				
3				
4				
5				
6				
7				
8				
9				
10				
11				
12				
13				
14				
15				
16				
17				
18				
19				
20				
21				
22				
23				
24				
25				
26				
27				
28				
29				
30				
31				
32				
33				
34				
35				
36				
37				
38				

Fecha: _____

LISTA DE CONSUMIDORES

Nº	NOMBRE Y APELLIDO	Teléfono Móvil o Fijo	Correo / E-mail	Observaciones
1				
2				
3				
4				
5				
6				
7				
8				
9				
10				
11				
12				
13				
14				
15				
16				
17				
18				
19				
20				
21				
22				
23				
24				
25				
26				
27				
28				
29				
30				
31				
32				
33				
34				
35				
36				
37				
38				

Fecha: _____

LISTA DE REFERIDOS

Nº	NOMBRE Y APELLIDO	Teléfono Móvil o Fijo	Correo / E-mail	Observaciones
1				
2				
3				
4				
5				
6				
7				
8				
9				
10				
11				
12				
13				
14				
15				
16				
17				
18				
19				
20				
21				
22				
23				
24				
25				
26				
27				
28				
29				
30				
31				
32				
33				
34				
35				
36				
37				
38				

Fecha: _____

LISTA A DISTANCIA

Nº	NOMBRE Y APELLIDO	Teléfono Móvil o Fijo	Correo / E-mail	Observaciones
1				
2				
3				
4				
5				
6				
7				
8				
9				
10				
11				
12				
13				
14				
15				
16				
17				
18				
19				
20				
21				
22				
23				
24				
25				
26				
27				
28				
29				
30				
31				
32				
33				
34				
35				
36				
37				
38				

Fecha: _____

LISTA CONTACTOS AL FRIO

Nº	NOMBRE Y APELLIDO	Teléfono Móvil o Fijo	Correo / E-mail	Observaciones
1				
2				
3				
4				
5				
6				
7				
8				
9				
10				
11				
12				
13				
14				
15				
16				
17				
18				
19				
20				
21				
22				
23				
24				
25				
26				
27				
28				
29				
30				
31				
32				
33				
34				
35				
36				
37				
38				

Fecha: _____

2.- INVITE A SUS PROSPECTO

Invite a sus Prospecto

- ✓ Reuniones Presentaciones de Oportunidad
- ✓ Reuniones en Casa, Principales o Multiplan

INVITAR NUEVOS PROSPECTOS:

Para algunos individuos es muy normal *hacer invitaciones haciendo contactos al frio,* con un desconocido; pero para la gran mayoría de las personas, no resulta tan fácil.

Por tal razón; si para ti esto es una actividad nueva, *puedes comenzar invitando* a la *Oportunidad de Negocio* a *tus familiares, amigos, conocidos, referidos y compañeros de trabajo compartiendo la Visión del Efecto Multiplicador* que ofrecen las redes de mercadeo.

Una de las maneras más sencillas para hacer invitaciones es establecer conversaciones diarias con las personas más allegadas, algunos de los temas que podríamos tocar; antes de hacer una invitación podrían ser los siguientes: 1 *la Familia,* 2 *el Tiempo,* 3 *el Trabajo.*

Te daré algunos ejemplos:

Uno de los temas de conversaciones más utilizados para establecer empatía con las personas con quienes nos relacionamos diariamente, seria comenzar la plática hablando sobre temas tales como LA FAMILIA, de manera amable y amena ya que esto permite romper el hielo.

Otro de los temas propicios para mantener una conversación con personas desconocidas o allegadas; es hablar sobre el factor TIEMPO. En este punto; es donde por lo general, se manifiesta otra de las necesidades "la falta de tiempo".

La mayoría de las personas están tan ocupadas; que pensar en tener más TIEMPO LIBRE, suena interesante y muchas veces esta es la oportunidad para *invitarles* a conocer cómo; con la *Industria del Network Marketing* a través de esta oportunidad de Negocio dedicándole solo medio tiempo, puede generar ingresos adicionales extra que les permitirán gozar a futuro de mayor LIBERTAD.

Otro de los temas que podríamos incluir en nuestras conversaciones cotidianas podría ser sobre EL TRABAJO, Ya que son temas comunes de las cuales muchas personas acostumbrar hablar. Es muy probable que él o ella también te pregunten por tu nueva profesión o trabajo. Esta es la oportunidad perfecta para hacerle saber lo que haces. *Puedes decirle que estas desarrollando un negocio tipo franquicia* manejado desde tu hogar, en el área de la comercialización multinivel conocida como redes de mercadeo y que últimamente has tenidos muchos resultados.

Esto despertara el interés en la persona; y si la persona se interesara, podrías *invitarlo a una Presentaciones de Oportunidad* con tu patrocinador, a una *Presentación Personal 1ª1, o simplemente pedirles referidos,* es así de simple.

Hay muchas otras alternativas. Por lo tanto; te aconsejamos ir revisando, cuál te hace sentir más cómodo. Puede ser que simplemente te encuentres con un viejo amigo, le entregues tu tarjeta de presentación, y *lo invites directamente a una Presentación de Oportunidad, reunión principal, multiplan o charlas de productos*. A esta altura; como ya te conoce bastante bien, puede aceptar la invitación de manera inmediata.

NUESTRA ACTITUD, REFLEJA NUESTRO CARÁCTER

*"Somos lo que hacemos día a día, de modo que la excelencia no es un acto, sino un hábito y un estilo de vida". - **ARISTÓTELES***

"Siembra un acto y cosecharás un hábito. Siembra un hábito y cosecharás un carácter. Siembra un carácter y cosecharás un destino"
-. STEPHEN R. COVEY. –

INVITAR A LOS PROSPECTOS A LAS PRESENTACIONES DE OPORTUNIDAD

Aprovecha la pasión y la energía de tu entusiasmo para hacer las invitaciones. Porque eso es lo que percibirán tus invitados. *Para un comienzo rápido la mejor forma de iniciar es hacer dos (2) reuniones en casa en tu primera semana* en tu Negocio Multinivel. Tu actitud y la convicción al invitar a las personas es la clave para que estas asistan. Tu patrocinador o líderes de la línea de auspicio junto al equipo NETWORKERS del Siglo XXI ® te ayudaran a invitar correctamente. Invita a todos; recuerda que, *esto es un negocio de relaciones, entre más personas invites, más probabilidades tendrás.*

Si tienes espacio para 10 personas INVITA 30, ya que a algunas personas se les puede presentar algo improvisto que les impedirá asistir a la reunión; y otras no tendrán siquiera la intención de hacerlo.

Como tú patrocinador o Líder Upline dispondrá de su valioso tiempo; para ayudarte en tus primeras reuniones de negocio, lo más correcto sería invitar a tantos invitados te sean posible, recuerda has que las cosas sucedan.

Sugerencias a tener en cuenta

— Cuando invites a una persona el objetivo es despertar la curiosidad y conseguir una cita para explicar la oportunidad de negocio de una manera profesional por que *"nunca habrá una segunda oportunidad para causar una buena* PRIMERA IMPRESIÓN".

Actúa inteligente y profesionalmente, jamás expliques el negocio o hables del producto a medias; ya que a veces las personas mayormente prejuzgan la poca información que le suministraste, y toma decisiones apresuradas automáticamente, sin darse la oportunidad de escuchar el resto de la información.

— Evita palabras como venta de productos o servicios, hable siempre de forma profesional y utilice términos como *Reunión Empresarial, Concepto de Negocio* u *Oportunidad Financiera.*

— Recuerda que tu patrocinador o líderes de tu línea de auspicio son Empresarios y NETWORKER comprometidos y Desarrolladores de Negocio con resultados. Así que habla e invita con seguridad.

Cuando invites a una persona a la *Presentación de Oportunidad ten presente que estas invitándola a ESCUCHAR un concepto de negocio que puede cambiar y transformar su calidad y estilo de vida.*

Por lo tanto, tu actitud, postura y presencia deben ser la de un EMPRESARIO EXITOSO. Nunca digas que esto es una oferta de empleo o una oportunidad para trabajar, ya que esto le resta importancia al mensaje que queremos transmitir en sí.

— Recuerda que lo que estamos ofreciendo es *Un Concepto de LIBERTAD FINANCIERA, que a través del MULTINIVEL les permita a las personas tomar el control de sus vidas.*

Se entusiasta en la llamada y se especificó en el día y hora de la cita; exige puntualidad y se puntual, deja tus números de teléfono por si le surge algún contratiempo, *confirma nuevamente la reunión de negocio a tus invitados unos días antes de la presentación.*

> **Si es un matrimonio; invita siempre a la pareja.** Cuatro ojos, cuatro oídos y dos mentes ven, escuchan y piensan mejor que una. Esto te ahorrará tiempo y esfuerzo. *Es mejor que los dos como pareja reciban la misma explicación, de los líderes comprometidos,* los Empresarios y NETWORKERS con resultados que pueden transmitirle la información correctamente. Porque esto; les permitirá a ambos, tomar una mejor decisión como pareja y esto fortalecerá a la vez la relación matrimonial al momento de iniciar el negocio. Recuerda que, si uno de ellos no asiste a la presentación de oportunidad, el que asistió tendrá que explicarle el plan de negocio al que no se presentó.

"El ÉXITO no es un acontecimiento de un solo día, es un proceso que se repite toda la vida. Usted puede ser un ganador en su vida si se lo propone. YA QUE NACISTE Y ERES UN TRIUNFADOR desde el instante de la concepción... Recuerda: Las personas exitosas realizan actividades que les permitan ganar de vez en cuando; porque saben que tanto el triunfo, la victoria, así como la conquista son hábitos que deberían desarrollarse constantemente en su estilo de vida... Las personas exitosas; asimismo tienen presente que, perdiendo también se gana. Porque saben que cada fracaso los acerca más a su propósito y que cada derrota los fortalece y les enseña lo que deben mejorar. En fin y al cabo; tanto los triunfos como las derrotas, son tan importantes para el éxito, que cuando aprendemos de ellas nos hacemos más fuertes y merecedores de vivir ese estilo y calidad de vida extraordinaria por la que tanto nos hemos esforzamos día tras día" -. **YLICH TARAZONA.** -

INVITE SUS PROSPECTOS CORRECTAMENTE

Esperemos que a usted lo hayan invitado correctamente; a escuchar una presentación sobre un concepto de negocio, que podría cambiar y transformar su vida para siempre.

Es muy importante para su propio éxito personal; que usted comprenda, la diferencia entre hacer la "INVITACIÓN" y dar la "presentación" del plan (Presentación de Oportunidad). Ya que la mayoría de las personas pueden tomar una decisión inmediata; sin antes haberse tomado el tiempo suficiente para recibir una buena presentación del _Concepto de Negocio,_ que les ofrece La INDUSTRIA DE Network Marketing Multinivel

Es de vital importancia en este punto comprender, que siempre debe estar atento de evitar hablar sobre su negocio o producto con un posible prospecto, sino puede hacer una _presentación_ completa del plan. Por tal razón; le invitamos para que mientras usted aprenda correctamente a presentar la oportunidad financiera, pueda apoyarse en su equipo y líderes de su línea de auspicio, para que le _MODELEN_ la presentación del Plan de Negocio correctamente.

INVITACIONES MODELOS

✓ **_Presentación y saludo inicial_**
_Hola que tal_____ te habla _____ _un gran saludo._

Estableces la Relación, creas Rapport e introduces tu Invitación
Te llamo por lo siguiente, hay una oportunidad extraordinaria de negocio en mercadeo en red; que actualmente estoy desarrollando para generar ingresos adicionales, y me gustaría reunirme contigo para PRESENTARTE A UN EMPRESARIO EXITOSO que estará presentando una Oportunidad Financiera en mi casa, y quiero que como amigo estés ahí. Que día te parece mejor "Tengo disponible él _____ y el_____. ¿Cuál es el mejor momento para ti?" Fije claramente fecha, hora, y lugar.

✓ **_Presentación y saludo inicial_**
_Hola que tal_____ te habla _____ _un gran saludo._

Estableces la Relación, creas Rapport e introduces tu Invitación
Te llamo para informarte, que estoy buscando un socio para expandir un negocio en la zona... ¿Estas abierto a realizar alguna actividad paralela a la que ya estás haciendo, que te permita generar ingresos adicionales a las que ya tienes?... "¿Por qué no nos reunimos para darte más detalles y mostrarte algunas formas potenciales de ganancia? "Tengo disponible él _____ y el_____. ¿Cuál es el mejor momento para ti?" Fije claramente fecha, hora, y lugar.

✓ ***Presentación y saludo inicial***

Hola que tal_____ te habla _____ un gran saludo.

Estableces la Relación, creas Rapport e introduces tu Invitación

Te llamo para informarte, que Estoy creando una red de comercialización a nivel nacional e internacional para introducir un proyecto innovador… y Estoy buscando una persona emprendedora y con ganas de salir adelante… En este momento de tu vida. ¿Estás cómodo económicamente o estas abierto a escuchar una oportunidad de negocio? "Tengo disponible él _____ y el_____. ¿Cuál es el mejor momento para ti?" Fije claramente fecha, hora, y lugar.

"El ÉXITO no es un acontecimiento de un solo día, es un proceso que se repite toda la vida. Usted puede ser un ganador en su vida si se lo propone. YA QUE NACISTE Y ERES UN TRIUNFADOR desde el instante de la concepción… Recuerda: Las personas exitosas realizan actividades que les permitan ganar de vez en cuando; porque saben que tanto el triunfo, la victoria, así como la conquista son hábitos que deberían desarrollarse constantemente en su estilo de vida… Las personas exitosas; asimismo tienen presente que, perdiendo también se gana. Porque saben que cada fracaso los acerca más a su propósito y que cada derrota los fortalece y les enseña lo que deben mejorar. En fin y al cabo; tanto los triunfos como las derrotas, son tan importantes para el éxito, que cuando aprendemos de ellas nos hacemos más fuertes y merecedores de vivir ese estilo y calidad de vida extraordinaria por la que tanto nos hemos esforzamos día tras día"

-. COACH TRANSFORMACIONAL YLICH TARAZONA. -

UTILIZANDO LAS REDES SOCIALES

✓ *Presentación y saludo inicial*

Hola que tal, he visto en tu perfil que eres una persona emprendedora y que te gustan los negocios, creo que tengo una información que tal vez te pueda interesar.

Estableces la Relación, creas Rapport e introduces tu Invitación

Al hacer la invitación mantente enfocado en que tu objetivo es "INVITARLO, *nunca darles el plan a medias*". Recuerda que el contacto y como contactas es clave, si las personas sienten que estas entusiasmado y enfocado sentirán curiosidad y querrán conocerte.

¿QUE DISTINGUE A LOS GANADORES DE LOS PERDEDORES?

"Que los GANADORES se concentran en todo momento en lo que ellos saben que pueden hacer bien, sus talentos, fortalezas, competencias, habilidades y destrezas. Aunque reconocen que tienen debilidades; nunca se enfocan en ellas, sino trabajan sobre ellas... Mientras que los perdedores se dispersan pensando en todo momento en aquellas cosas que no quieren hacer mal; enfocándose en sus debilidades, limitaciones y falta de talento, aunque saben que tienen fortalezas, parece que jamás se percatan de ellas... Si eres bueno persuadiendo vendiendo o comunicándote, entonces enfócate en esas potencialidades, y tus debilidades se harán fuertes a medida que trabajas en ellas poco a poco, sin dejar a un lado aquellas cosas en la que sabes que eres realmente bueno... Aquí radica la gran diferencia que marca la diferencia entre los GANADORES y perdedores, la forma de actuar antes las adversidades"

-. **COACH TRANSFORMACIONAL YLICH TARAZONA.** –

3.- ORGANICE SUS PRESENTACIONES

Organice sus Presentaciones

✓ Reuniones en Casa
✓ Presentación 1ª1
✓ Reuniones Principales o Multiplanes

SUGERENCIAS A TENER EN CUENTA AL ORGANIZAR UNA REUNIÓN EXITOSA EN CASA

El lugar debe estar ordenado y limpio, preferiblemente utilizar la sala, si vas a agregar sillas, hazlo solo a medida que sea necesario.

Si vas a servir un refrigerio, o vas a hacer una degustación del producto; siempre hazlo al terminar la reunión, nunca en medio de la presentación.

Recuerde siempre invitar el doble de personas; de las que piensas, que puedan llegar a la presentación, así tendrás una reunión mucho más exitosa.

Ten siempre a la mano tus herramientas del Sistema Educativo, principalmente el *Manual de Instrucciones* creado por el portal **NETWORKERS** del Siglo XXI®, el Catálogo de Productos de la Compañía a la que representas, Audios del Sistema, Videos de Seguimiento y la Pizarra para la presentación del plan.

Es importante que tengas siempre a la vista el material impreso que vas a utilizar; así como videos de la presentación o cualquier otra herramienta desarrollada por la *Compañía*, el *Equipo* o las herramientas de respaldo creados por el portal **NETWORKERS** del Siglo XXI ® en el momento adecuado, para que los invitados presten mayor atención a lo que se está explicando.

Recuerda que los niños se aburren mucho en las reuniones para adultos, y no entienden que este concepto de negocio puede cambiar sus vidas y la de sus padres. Por lo tanto; organizarte, para acostarlos temprano o que alguien los cuide, mientras se presenta la Presentación de Oportunidad.

Evita todo tipo de distracciones tales como TV, Internet, radios, etc. Es recomendable que los teléfonos móviles, deban estar en silenciador y los fijos desconectados.

Vístete apropiadamente para una *Reunión de Negocios Exitosa*, recuerda que, al hacer la presentación, las personas que asisten a la misma ven en Ti la imagen corporativa de la COMPAÑÍA; y de la impresión que les des, depende que ellos ingresen o no a tu organización, o deseen consumir los productos. Recuerda que las personas siguen a personas jamás a las compañías.

Se puntual para iniciar, tal como se lo pediste al invitarlos. Puedes darles *15 minutos* de preámbulo; recuerda que las personas más importantes son los que están presentes.

Nunca te distraigas esperando o hablando del que aún no ha llegado. Mientras esperas jamás hables a medias del negocio; dedícate solo a conversaciones de índole social.

Si eres el anfitrión es importante tener una actitud positiva y presentar (*EDIFICAR*) al Líder que viene a explicar el concepto negocio de la siguiente forma:

Escrito por el **Máster Coach YLICH TARAZONA**

"M*i esposa y yo hemos empezado un negocio y estamos muy entusiasmados con los logros y los resultados que podemos alcanzar*", nuestro socio y amigo. Es uno de los *Líderes Comprometidos* con el Negocio, un *Empresarios Exitoso*, miembros del Equipo y la Organización **NETWORKERS** del Siglo XXI ® que nos está respaldando a desarrollar nuestro negocio. Él nos presentará la Presentación de Oportunidad y al final se quedará para responder algunas preguntas y ayudarlos a iniciar, al igual que lo hizo con nosotros.

Según la experiencia y los resultados de quien vaya a presentar la Presentación de Oportunidad, es importante *Edificarlo Correctamente*. Pero tan importante como lo es la Edificación. Es de vital importancia, mostrar de igual manera; el agradecimiento y el respeto, que tenemos hacia nuestro líder, por haberse tomado el tiempo de <u>MODELARNOS</u> y apoyarnos en el inicio de nuestro Negocio.

Como anfitrión debes tomar notas y grabar la Presentación de Oportunidad de ser posible, pues tus invitados estarán pendientes de tu actitud; y además de esta manera, podrás en lo futuro revisar tus apuntes y/o grabaciones, para aprender cuando te toque a ti, hacer tus propias presentaciones de negocio.

Nunca interrumpas al Líder durante la reunión, piensa que si el invitado ve; que tú te entrometes, se quedara con la idea o mala impresión de que están desorganizados y que tal vez tú no tienes todas las cosas claras.

Es importante que tengas a la mano los videos y materiales de seguimiento para prestárselos a las personas; que les interese el negocio, pero que aún no está listo para comenzar.

Los Empresarios, Networkers y los Líderes de tu línea de Auspicio, junto con todo el Equipo, que conforma la organización te proveerán de todas las herramientas (Videos, Audios, Folletos, Trípticos, Manuales del Modelo de la Presentación de la Oportunidad, Catálogos de Productos, o puedes respaldarte con las herramientas desarrolladas por la **NETWORKERS** del Siglo XXI ®.

EL PODER DE LA ACCIÓN, LA EJECUCIÓN Y EL ENFOQUE "*Si Tienes éxito muy rápido al principio, trata algo más difícil. Recuerda que el verdadero éxito se forja a través de la adversidad, cada prueba es una enseñanza que te preparara para el futuro*"

-COACH TRANSFORMACIONAL YLICH TARAZONA

SUGERENCIAS A TENER EN CUENTA AL ORGANIZAR UNA PRESENTACIÓN EXITOSA 1ª1

Busca un lugar apropiado que sea neutral, como un restaurant, el lobby de un hotel, una oficina, etc... Si es un conocido, la presentación de la *oportunidad 1ª1* puede ser en su casa o en la tuya.

Ve vestido para la ocasión, recuerda que eres un empresario exitoso. Pero siempre prestando atención al nivel socioeconómico de tu invitado, es importante hacer empatía y crear rapport.

Lleva tus Herramientas de Seguimiento, manuales de negocio, catálogos y muestras de productos, material impreso, folletos, herramientas audiovisuales, audios y videos, para que puedas mostrárselo y planificar un seguimiento posterior.

Aprende a utilizar tu oficina virtual o ten a la mano tu talonario o planilla de inscripción, llévala para poder afiliar a tus prospectos interesados en ese mismo momento. A veces las personas están listas para comenzar, pero quienes les presenta la Presentación de Oportunidad, demoran el ingreso, porque no fueron preparados para afiliar a una persona que toma decisiones rápidas. Ten el *Sistema de Prospección* a la mano (Videos, Audios y Material Impresos) de seguimiento para el caso en que la persona requiera recibir más información.

PERSEVERANCIA A PESAR DE LAS ADVERSIDADES

«Pelea un asalto más. Cuando sientas los pies tan cansados que tienes que arrastrarlos para volver al centro del cuadrilátero, pelea un asalto más. Cuando tengas los brazos tan cansados que casi no puedes levantar las manos para ponerte en guardia, pelea un asalto más. Cuando estás sangrando por la nariz y tienes los ojos negros y te sientes tan desfallecido que quisieras que tu contendor te pusiera fuera de combate con un buen golpe en la mandíbula, pelea un asalto más... recordando que el hombre que pelea un asalto más nunca será vencido».
-JAMES J. CORBETT.

SUGERENCIAS A TENER EN CUENTA AL ORGANIZAR UN PLAN DE OPORTUNIDAD EN LAS REUNIONES PRINCIPALES O MULTIPLANES

Antes de una presentación de la Presentación de Oportunidad es vital tener en claro:

¿Cuál es el objetivo de la reunión?: la *presentación del negocio*, hacer seguimiento, dar entrenamiento o presentar una charla y degustación de productos.

¿Qué dinámica y herramientas vas a emplear? Vas a utilizar una presentación power point, la pizarra, videos, láminas, etc. Sea lo que sea, téngalo preparado.

¿Cuál es el mensaje, especifico, que quieres transmitir a las personas? Si la reunión es para presentar la Presentación de Oportunidad hay tres cosas claves a generar:

1. *Empatía y Rapport.* Recuerda, la regla de oro "TRATA A LOS DEMÁS COMO A ELLOS LES GUSTARÍA SER TRATADOS"

2. Que sientan que hay una *OPORTUNIDAD REAL, de transformar sus vidas* y que ellos pueden ser parte de ese cambio, así pueden volver a comenzar a soñar.

3. Que vean que Tú perteneces a un gran Equipo NETWORKERS del Siglo XXI® que nunca estarás solo y, sobre todo, hazle saber que ellos tampoco lo estarán. De esta manera se reduce la angustia por lo desconocido.

DETERMINACIÓN Y CONSTANCIA. *No conozco ningún hecho más alentador que la incuestionable capacidad del hombre para dignificar su vida por medio del esfuerzo consciente.*
- HENRI DAVID THOREAU

"La diferencia entre una persona enfocada y una desenfocada no es la falta de fuerza, tampoco la falta de conocimiento. Sino más bien, es una falta de voluntad.
-. VINCE LOMBARDI. -

LA REUNIONES CENTRALES O MULTIPLANES TIENEN COMO PROPÓSITOS PRINCIPALES:

1. Llevar *el mensaje de que existe un concepto de negocio llamado red de mercadeo, una oportunidad financiera a través de la cual se puede lograr la independencia financiera y hacer los sueños realidad.*

2. *MODELAR* a los líderes, distribuidores y a los nuevos desarrolladores, como es que se presentan la Presentación de Oportunidad, reuniones principales o multiplanes.

3. *Construir y fortalecer las relaciones* tanto de los INVITADOS; como la de los nuevos clientes, distribuidores y desarrolladores que van de invitados a las presentaciones de la oportunidad que la Industria de Redes de Mercadeo Multinivel les Ofrece.

4. *Desarrollo del liderazgo en el equipo y modelar a través del ejemplo y la acción* "El ciclo continuo de la duplicación y la multiplicación de este manual".

RECOMENDACIONES:

Mantenga la reunión de negocio simple y duplicable. Mientras más *simple* se presente la oportunidad financiera más *DUPLICABLE* será para sus desarrolladores y más poderosa al *MULTIPLICARSE* en su organización.

La presentación de la oportunidad de negocio debe hacerse sencilla. Utilizando el Sistema Educativo de tu compañía, el *manual de instrucciones* de la NETWORKERS del Siglo XXI ® *y el modelo del plan* utilizado por el Equipo. En lo posible debe evitar utilizar términos muy elaborados; ya que esto no permite la duplicación.

Lo más importante en una presentación EXITOSA; es que parta del corazón, exprese tu entusiasmo y la pasión que sientes por la oportunidad que la Industria de Redes de Mercadeo Multinivel te ofrece. Esto es lo más importante; y es, lo que la hace duplicable.

Use siempre él *Manual de Instrucciones* de la NETWORKERS del Siglo XXI® para sus presentaciones, Así como también debes utilizar siempre los recursos diseñados y las herramientas aprobadas por la COMPAÑÍA como lo es el Sistema Educativo y las herramientas creadas por el Equipo de tu Línea de Auspicio o UPLINE para aprender a dar la Presentación de Oportunidad.

IMPORTANTE: La presentación de la Presentación de Oportunidad es vital para su éxito. Una de las cosas que hay que vencer; al principio, es el miedo a dar el plan de negocio. ÉL líder que retrasa dar la Presentación de Oportunidad; va a retardar el proceso de duplicación y multiplicación de su organización. Si el nuevo desarrollador pospone dar la reunión hasta estar preparado; posiblemente sus afiliados también pospondrán dar el plan.

RECUERDE: Q*ue la actitud del líder se reflejara en sus desarrolladores*. Es importante al momento de estar presentando la Presentación de Oportunidad en las reuniones principales o multiplanes; *resaltar que toda la información que se está dando, se encuentra en el* Sistema Educativo de la compañía, en el *Manual de Instrucciones creado por el portal* NETWORKERS del Siglo XXI ® *y las Herramientas Diseñadas por el Equipo de tu Organización*. Y que los invitados que estén interesados en desarrollar la oportunidad financiera que ofrece las REDES DE MERCADEO, al final pueden solicitar las herramientas del negocio al desarrollador que le invito a la reunión.

4.- PRESENTE LA OPORTUNIDAD

    ✓   Presente la Oportunidad Financiera
    ✓   Presentación de Oportunidad o Concepto del Negocio

LAS PRESENTACIONES DE LA OPORTUNIDAD SE DIVIDEN EN 3 ETAPAS

Los objetivos de una Presentación de Oportunidad son:

Auspiciar Nuevos desarrolladores y líderes comprometidos en crear la RED, una organización sólida, estable y productiva.

Encontrar nuevos clientes preferentes y distribuidores.

PRINCIPIOS BÁSICOS PAR TRIUNFAR Y LEYES PRELIMINARES DEL ÉXITO "Todo está en nuestra mente, todo está en nuestros pensamientos y acciones. Cuando decidimos dar el primer paso y hacer que las cosas sucedan. DIOS, La Fuente Divina, La Energía Universal y El Destino comenzaran a conspirar a nuestro favor proporcionándonos las circunstancias y los acontecimientos que estén en armonía con nuestro propósito y misión de vida. Las leyes y principios son inquebrantables, actúan cada vez que generamos una causa, produciendo un efecto, cada vez que creamos una acción producimos un resultado en el universo, porque así está escrito... Que todo lo que sembremos eso mismo segaremos" **-.**
COACH TRANSFORMACIONAL YLICH TARAZONA. -

PRESENTAR EL PLAN DE NEGOCIO.

Antes de hablar con una persona no sabremos si querrá unirse a nuestro equipo, o solo desea recibir más información de la Compañía y sus maravillosos productos. Tal vez en algunos casos, ninguna de las dos (2) opciones anteriores.

Pero igualmente nos puede dar referidos. Por lo tanto, *es bueno siempre hablar de la compañía, los productos y explicar claramente el concepto financiero de negocio con todos.*

Este es un negocio de relaciones, cuantas más presentaciones del negocio hagas mejor.

El éxito va a depender de cuantas Presentaciones de Oportunidad diarias hagas en los próximos 3 meses.

Recuerda que *la mejor manera de empezar tu negocio es tener dos (2) reuniones grandes en tu casa*, oficina, etc. Durante la primera semana, esto te asegura un comienzo rápido.

Es conveniente realizar las reuniones Presentación de Oportunidad a partir de las *6:00 las 6:30 o más tardar 7:00 PM según sea el caso. Y recordar que la reunión tiene que tener un tiempo de duración de 45 minutos.*

✓ **1ar. ETAPA: La Recepción antes de la Reunión / 15 minutos:**

Es la *apertura* previa; que comienza, según van llegando los invitados. Bien sea; a una *Reunión de Casa, Reunión Principal* o *Multiplan*.

Esta apertura tiene como objetivo ir dando la bienvenida a los invitados, y es de vital importancia que en estos *primeros 15 minutos* se establezca una comunicación positiva.

En esta primera etapa de apertura es importante establecer conversaciones sobre temas personales tales como: de dónde son, a que se dedican, intercambio de opiniones, etc. *Pero NUNCA hablen del negocio.*

✓ **2da. ETAPA: Presentación de la Presentación de Oportunidad /** *45 Minutos*

Está segunda etapa está formada por 2 partes.

La primera parte: Es la presentación del líder la (*EDIFICACIÓN*) por parte del nuevo distribuidor o desarrollador; esto es vital importancia para crear confianza y seguridad en el invitado, y establecer un ambiente favorable y positivo para recibir la información.

La segunda parte: Es la presentación del plan de negocio (Presentación de Oportunidad), que debe ser dada por el *LÍDER*, Empresario o el Patrocinador que esté bien preparado.

✓ **3ra. ETAPA: Modulo de Seguimiento después de la reunión /** *15 Minutos*

Esta etapa es crucial para pasar al siguiente nivel de tu Negocio. Es donde nos vamos a reunir con los futuros distribuidores interesados en desarrollar la oportunidad de Negocio. *Según su nivel de interés y compromiso les hacemos entrega del material de seguimiento* y se establece una fecha para realizar su afiliación, la planificación empresarial y la reunión de casa o charla de productos según sea el caso.

Importante: El *material de seguimiento recomendado* son: El *Sistema Educativo* de la compañía, los videos de la oportunidad de Negocio y herramientas de prospección, seguimiento, modelo del plan, audios del sistema aprobados por el Equipo de tu línea de auspicio y portal NETWORKERS del Siglo XXI ®.

SUGERENCIAS PARA PRESENTAR LA PRESENTACIÓN DE OPORTUNIDAD

✓ **1ar parte. Presentación de la empresa, la metodología de comercialización por red y la biotecnología de los productos.**

*Tiempo: Procura que *el tiempo empleado para la presentación del Plan de Negocio sea de 45 minutos* máximo; ya que, a partir de ese momento, las personas empiezan a inquietarse y pierden la concentración.

*Presentación: *Comienza hablando de tu historia de éxito, tus sueños y tus luchas, esto permite romper el hielo y bajar la tensión de los invitados*, puedes hacer referencia de los cambios globales que hemos venido presenciando en los últimos años, el momento histórico actual que estamos viviendo y como este concepto financiero es una alternativa.

Puedes compartir TÚ VISIÓN, *lo que viste cuando te presentaron la oportunidad de Negocio* y hablar un poco del por qué y el para qué estás desarrollando esta oportunidad de negocio y cuál es tu objetivo y los resultados que quieres lograr en esta Industria.

*El Concepto de Negocio: Has una breve explicación sobre la industria de redes de mercadeo multinivel, su funcionalidad, rentabilidad, beneficios, crecimiento, expansión global y comparte algunas de las opiniones de los expertos en la materia. *Finalmente te enfocas en el potencial de ganancia, haciendo referencia a los ingresos residuales y las regalías.*

*La Empresa: *Comenta una breve historia de la trayectoria de la compañía, su respaldo económico, donde está ubicada, cuánto tiempo lleva en el mercado, los países en los que tiene presencia internacional, quiénes son sus asesores* financieros *y de negocio. Edifica a su Fundadores*, menciona además los puntos más resaltantes de la filosofía, visión y misión de tu compañía. Finalmente puedes hacer mención de las partes más importantes que a ti te parecen claves si la ocasión lo requiere.

*Los Producto: Inicia por *la innovación, patentes y biotecnología de los productos,* su exclusividad, garantía de calidad, bondades y beneficio. Has una presentación de demostración de lo que hace tu producto o una degustación de ser posible, y comparte tu experiencia personal y varios testimonios con los presentes sin excederte a los 10 minutos

2da parte. Como ingresamos, requisito para calificar y potencial del plan de compensación

*Ingreso: *Explica brevemente los puntos para afiliarse y activar su código de asociado para comenzar su negocio bien sea como consumidor, distribuidor o Empresario Independiente, Explica como adquirir los productos y has mención particularmente de los pasos más resaltantes, de cómo calificar y ganar los ingresos.*

*Requisitos de Calificación: Este punto es de vital importante, *explica detalladamente cuales son los requisitos necesarios para calificar a las posiciones o niveles de la compañía y menciona los requerimientos indispensables para general las ganancias residuales del generoso Plan de Compensación y las diferentes formas de ganancias.*

*Plan de Compensación: Explica cómo se puede generar ingresos residuales, en este negocio, a corto, mediano y largo plazo, *haciendo énfasis en los tres (3) pilares que son: AUSPICIO, RETENCIÓN y el MOVIMIENTO DEL VOLUMEN.*

El Equipo de Apoyo y El Sistema de Formación: _EDIFICA la organización y la estructura de tu línea de auspicio, del equipo de apoyo y el respaldo de los líderes que te modelaran y te guiaran en el proceso de tu aprendizaje_, y has referencia al *Sistema Integral de Formación Empresarial* creada por el portal NETWORKERS del Siglo XXI®, para su formación y entrenamiento en su carrera como *Desarrolladores y Empresarios Exitoso*. De igual forma da a conocer el material de apoyo y las herramientas del Sistema Educativo para poder construir un negocio sólido, estable y productivo.

Cierre: Termina dando las gracias por la asistencia de los presentes, invítales a que se ponga en contacto con la persona que le hizo la invitación a la oportunidad de negocio y finalmente termina preguntándoles a las personas si están listas para empezar. Recuerda que muchas personas no entran al negocio; porque el que los invito nunca se lo pregunta. Ya que dan por hecho que todos van a ingresar.

3ra parte. Módulo de Seguimiento, la reunión después de la reunión

Módulo de Seguimiento: Reúnete con las personas más interesadas, preséntales a los líderes de tu organización y edifícales a los Empresarios que estén presente, entrégales material de seguimiento, planifica una reunión con ellos para retirar el material del sistema en las próximas 48 horas, agenda una charla de producto o una planificación empresarial para los que quieran distribuir el producto o comenzar el negocio; para este punto puedes hacer preguntas tales como

"¿quién está listo para empezar ahora mismo?".

Si encontramos personas decididas que estén listos para comenzar, se formaliza la inscripción y se llena el contrato de afiliación a través de la oficina virtual. Se les enseña cómo activar su código y se les hace su primer pedido de producto con un promedio de puntos necesarios para comenzar y activar en su primer ciclo.

Y finalmente se conecta al futuro desarrollador 100% al Sistema Educativo, a su patrocinador, línea de auspicio y al Equipo para que le comiencen a MODELAR el sistema y lo apoyen en el inicio de su negocio.

Finalmente motiva a las personas interesadas a que se reúnan con quien les invitó, para que puedan, agendar el plan de acción a seguir, y en tu caso en particular reúnete con tus invitados para ver cuál es el próximo paso y coordinar con cada uno de ellos y sacarles a todos una nueva cita en las próximas _24 a 48 horas_, bien sea para consumo y venta del productos, seguimiento o para agendar la planificación empresarial y comenzar a trabajar con los futuros líderes y desarrolladores que demuestren interés.

Preguntas sugeridas, para después de un plan de oportunidad:

De lo que viste de la presentación de oportunidad, ¿Qué fue lo que más te llamo la atención?

¿Te gustaría ayudar a otras personas, a mejorar su salud y generar un ingreso extra?

Con cualquiera de *estas dos (2) preguntas podrás evaluar el nivel de comprensión* de la otra persona. Esto te permitirá hablar de los puntos más resaltantes, que permitirán al futuro líder y desarrollador a tomar la decisión de formar parte de tu organización.

Las reuniones de seguimientos son para fomentar las relaciones entre el patrocinador y sus invitados; así como también, responder a las preguntas del nuevo distribuidor y futuro desarrollador.

Después de escuchar las preguntas u objeciones y contestarlas.
Puedes volver a hacer preguntas tales como:

¿Estamos listos para empezar? · ¿Crees que puedes hacer la diferencia al comenzar en este negocio?
¿Estarías dispuesto a iniciar este proyecto de negocio conmigo, ahora mismo?
¿Cuáles de nuestros productos te llamaron la atención y cual sería de tu interés?

Recomendaciones: *Has preguntas de generen acción*, como las mencionadas anteriormente, esto permite darle a la presentación profesionalismo, y que las personas te perciban como un Empresario Comprometido. Trata de siempre mantenerte relajado y tranquilo, mantén tu postura como Empresario Exitoso, y agrega valor a la oportunidad de negocio que estas ofreciendo, sin forzar a nadie a que entre en el proyecto; permite que ellos mismos tomen la decisión y vean en ti; un líder en quien confiar, para ayudarlos a comenzar. Después de responder cada pregunta, haces silencio... Y si los interesados no ponen más objeciones, tu vuelves a preguntar... - ¿Estás listo para comenzar?

Si dice que no, puede ser que aun tenga dudas y requiera que lo vuelvas a invitar a otra reunión. Si lo ve bien pero aún no quiere desarrollarlo, puedes pedirles referidos para seguir ampliando tu lista. *Si dice que sí*, proceden a la gestión de patrocinio; le llenas su contrato de afiliación e inmediatamente agendan una planificación empresarial para comenzar a trabajar juntos en "crear su futuro financiero".

Paso III – TOMANDO EL CONTROL DE TU NEGOCIO

Fortaleciendo los Cimientos de Tú Organización, Construyendo las Relaciones

• Estos 3 Principios son los más *dinámicos en tu Negocio*; ya que te permitirán *ponerte en contacto directos con tus prospectos y nuevos socios*, a la vez que te permitirá *fortalecer las relaciones* con cada uno de los miembros de tu organización, permitiéndote *comprender sus necesidades* y actuar en función a ello.

5.- PLANIFIQUE UN SEGUIMIENTO

✓ Después de cada Reunión en Casa
✓ Después de cada Presentación 1ª1
✓ Reunión, Actividad o Evento

6.- MANTÉNGASE EN CONTACTO

✓ Consulte con sus Clientes, Distribuidores y desarrolladores
✓ Verifique el progreso de sus Líderes y Desarrolladores

7.- MUEVA A SUS PROSPECTOS

✓ Reuniones Principal o Multiplanes
✓ Eventos, Convenciones o Rallys

5.- HACER UN SEGUIMIENTO EFECTIVO.

El objetivo fundamental del seguimiento es *fortalecer las relaciones* entre los líderes y los nuevos socios, así como también mantener el contacto con las personas interesadas en desarrollar el negocio, distribuir o consumir los productos.

El seguimiento debe efectuarse dentro de las próximas *24 o 48 horas*; más tardar. Ya que a partir de ahí en adelante el entusiasmo de los futuros desarrolladores desciende y las probabilidades de que entre al negocio o consuman los productos disminuyen.

Las reuniones de seguimiento deben quedar *coordinadas con fecha y hora al finalizar la presentación* del negocio. En ese momento es importante entregarle, al prospecto; las herramientas de seguimiento. Entre las herramientas sugeridas por el portal **NETWORKERS del Siglo XXI ®** Son el video de *Oportunidad de Negocio*, el tríptico de presentación, los folletos y los catálogos de productos, si hubiere consumidores o distribuidores, audios del *Sistema Integral de Formación Empresarial*. Esto le servirá a su futuro desarrollador para complementar la información que recibió en la Presentación de Oportunidad.

> En el seguimiento es importante aclarar las dudas e inquietudes; si el prospecto las tuviera, en este caso sería recomendable volver a invitarlo a ver la Presentación de Oportunidad, de ser necesario y preguntar si está listo para empezar el negocio. Si está listo, llénele su contrato de afiliación a través de las oficinas virtuales y *agende una planificación empresarial en las próximas 12 a 24 horas.* Importante: Si en el momento de entregarle el material para coordinar una próxima reunión de seguimiento, la persona no está dispuesta a reunirse contigo, mejor no le prestes el material; es muy probable que nunca lo recuperes, ya que simplemente no quiere desarrollar el negocio.

"Creo firmemente que dentro del interior de cada uno de nosotros existe una semilla de grandeza y reside una vasta reserva de potencialidades y competencias ilimitadas que habitualmente permanecen adormecidas; esperando ser descubiertas y desarrolladas, para florecer hacia nuestro mundo exterior. Cuando cada uno de nosotros despierte ese potencial individual, redescubramos cual es nuestra misión y el propósito que le da sentido a nuestra vida, abriremos el camino a un nuevo despertar consciente a lo que yo llamo REINVENCIÓN y REINGENIERÍA PERSONAL"

-. COACH TRANSFORMACIONAL YLICH TARAZONA-.

6.- MANTÉNGASE EN CONTACTO

Manténgase en Contacto

✓ Consulte con sus Líderes y Upline
✓ Verifique el progreso de sus Desarrolladores

MANTÉNGASE EN CONTACTO CON SUS LÍDERES Y DESARROLLADORES

El consultar periódicamente nuestro progreso en el negocio con nuestros líderes y evaluar los avances de nuestros clientes, distribuidores y desarrolladores, es de gran importancia en el crecimiento de nuestra organización. Ya que esto nos permite establecer donde se encuentra nuestro negocio y así desarrollar estrategias, ajustes y acciones que permitan poner en marcha nuestra empresa que es la RED (La Organización y la Estructura)

Consultar regularmente con nuestra línea de auspicio y mantenernos en contacto permanente con los miembros de nuestras organizaciones, Edificar a los diferentes líderes del Equipo en las distintas organizaciones y crear un sentido de pertenencia hacia la Oportunidad de Negocio Multinivel que fomenta un espíritu de hermandad, compañerismo y unión entre todos

Verificar el avance de sus desarrolladores

La mayoría de las personas nunca verifica el estado de su negocio. Saber dónde se encuentra hoy y dónde quiere llegar mañana, le permite avaluar su progreso. Por esta razón; es fundamental revisar continuamente donde estamos, el crecimiento que estamos teniendo como organización. Revisar lo que funciona y lo que no le funciona a sus clientes, distribuidores, líderes y desarrolladores es de vital importancia para llegar a las metas establecidas y lograr los resultados dentro de nuestro negocio en esta creciente industria.

Revisar las creencias limitantes o potenciadoras de su equipo; también es fundamental, ya que esto le permite estar al tanto de los acontecimientos que ocurren en su negocio. De esta forma; sabrás su situación, y podrá hacer los cambios que se requieran cuando estos sean necesarios, para fortalecer sus organizaciones.

Lo más apropiado para mantener a tu organización en movimiento constante y maximizar su productividad dentro del Negocio; es que *te mantengas en contacto permanente* con ellos y te reúnas con tu equipo regularmente como mínimo una vez al mes, para revisar su progreso. Así podrás detectar las insuficiencias que pudiera haber y aplicar en la siguiente semana los correctivos que sean necesarios.

Factores para Fortalecer la Relación.

• Vivir los principios y valores que fomenta la NETWORKERS del Siglo XXI ®.
• Edificar regularmente a los líderes de las distintas organizaciones.
• Tener sentido de pertenencia hacia la empresa que representamos.
• Valorar a todos los miembros del equipo de nuestra organización.
• Tratarlos como miembros de una familia.
• Respetarlos a pesar de las diferencias.
• Amarlos incondicionalmente.

"Crear un negocio fuerte y construir un mundo mejor; no son metas contradictorias, ambas son ingredientes indispensables para el éxito a largo plazo". - **WILLIAM CLAY FORD Jr., Ford Motor Company**

NO ES LO QUE HACEMOS; SINO LA MANERA EN COMO LO HACEMOS... LO QUE MARCA UNA GRAN DIFERENCIA "La calidad de la vida de una persona está en la proporción directa de su compromiso con la excelencia, independientemente de su campo escogido de esfuerzo" **-. VINCE LOMBARDI. –**

7. - MUEVA A SUS PROSPECTOS

Mueva a sus Prospectos

    ✓   Reuniones en Casa, Principales o Multiplanes
    ✓   Eventos, Noches de Éxito, Cena de Gala, Alumbra o Rallys

MUEVA A SUS PROSPECTOS A LA ACTIVIDAD DEL SISTEMA.

Las *reuniones principales o multiplanes*, son eventos donde se reúnen frecuentemente los distintos líderes de las organizaciones con sus equipos, son actividades que fomentan las distintas organizaciones y la NETWORKERS del Siglo XXI® como parte de sus actividades de prospección, entrenamiento, capacitación y hermanamiento. Estas tienen como objetivo *Transferir la VISIÓN* y *la grandeza de la oportunidad* de la Industria del NETWORK MARKETING o Redes de Mercadeo y provocar un impacto emocional que transcienda en los nuevos distribuidores, líderes, desarrolladores y Empresarios, permitiéndoles comprender la naturaleza del negocio y transferirla a todos los miembros del equipo.

Puntos para considerar:

• Nuestro propósito debe estar enfocado en *MOVER* regularmente a los nuevos desarrolladores y líderes a las *reuniones principales*, ya que esto les permitirá fortalecer su compromiso con su Negocio

• Ten una agenda actualizada de todas las actividades programadas por la NETWORKERS del Siglo XXI ® La Compañía y el Equipo; para compartir con todos los miembros de tus organizaciones. Ya que estos eventos les permitirán a los nuevos distribuidores disfrutar de experiencias vivenciales junto con otros líderes y desarrolladores comprometidos que ya tienen resultados en la zona, permitiendo fortalecer las relaciones entre ellos y crear un espíritu de unidad entre todas las organizaciones.

Mover a la gente a los Eventos, Noches de Éxito, Cenas de Gala, Alumbra, convenciones y Rallys:

Estas actividades del *sistema integral de formación empresarial* programadas por la NETWORKERS del Siglo XXI ® La Compañía y el Equipo; son reuniones colectivas para todas las organizaciones.

Los temas sugeridos, las fechas y los lugares son informados a los líderes, desarrolladores y Empresarios de Mayor Rango, para que ellos a su vez las transmitan a todas sus organizaciones.

Estás actividades están diseñadas para fortalecer el crecimiento, expansión y consolidación de las redes a nivel nacional e internacional.

Las actividades del Sistema Integral de Formación Empresarial tienen como objetivo:

Juntar a los líderes y desarrolladores para que puedan ver el crecimiento, expansión y consolidación del negocio mucho más allá de sus propias organizaciones regionales y nacionales.

Capacitar, MODELAR y DUPLICAR a los Desarrolladores de Negocios y Empresarios Comprometidos el sistema integral de formación empresarial.

Puntos para considerar:

Organice los eventos con tiempo para que el movimiento de gente sea efectivo Busque el lugar y confirme los oradores con anticipación, tenga preparado la logística con antelación como: la iluminación, el sonido y los visuales.

EL PODER DE LA INTENCIÓN
«Para que surja lo posible es preciso intentar una y otra vez lo imposible.»
. -HERMANN HESSE. -

"El mayor premio que la vida puede ofrecer es brindarnos la oportunidad de trabajar duro para llevar a cabo algo que vale la pena realizar"
-. THEODORE ROOSEVELT. -

Paso IV – ESTRUCTURA ORGANIZACIONAL

Creando una Red de Comercialización Solidad, Estable y Productiva, Desarrollando Líderes con Mentalidad Empresarial

• Estos últimos 3 Principios te permitirán de manera profesional ir creando tú *Plataforma Financiera* a largo plazo; por medio del crecimiento exponencial de tu *Red de Comercialización*, que te brinda la Oportunidad de las Redes de Mercadeo Multinivel.

Al mismo tiempo que te permite *Fortalecer tu Organización de Líderes y Desarrolladores del Negocio con base en la EDIFICACIÓN y la DUPLICACIÓN, permitiéndote trascender en el tiempo, transferir un legado, dejar una huella en tu Organización y marcando una diferencia* en todos los miembros de tu Equipo.

Desarrollando Líderes con Mentalidad Empresarial

8.- Planifique Mensualmente

    ✓   Líderes y Desarrolladores

9.- Conéctese 100%

    ✓   A su Línea de Patrocinio
    ✓   Al Sistema de Formación y al Equipo

10.- Duplíquese:

    ✓   Enseñe a sus Líderes Comprometidos los Ciclo Maestro de la Multiplicación y la Duplicación

EL VERDADERO POTENCIAL DEL SER HUMANO ESTA EN LA ACTITUD DE COMO ENFRENTA LAS COSAS *"La capacidad consiste en lo que usted es capaz de hacer. La motivación determina lo que usted hace. Pero la actitud positiva determina que tan bien lo hace y los resultados que conquista"*
- LOU HOLTZ. -

8.- PLANIFIQUE MENSUALMENTE

- ✓ Planifique Mensualmente
- ✓ Líderes y Desarrolladores

La planificación empresarial debe dura 2 horas y conviene programarse inmediatamente, al momento en que se asocie el nuevo desarrollador. La planificación empresarial normalmente tiene lugar en la casa del desarrollador. Ya que esto permite al nuevo integrante del equipo, sentir mayor confianza al momento de preparar su plan de acción. Después de que el nuevo Empresario pasa por esta sesión de dos horas su relación con el líder o patrocinador se fortalecerá; y él o ella, tendrán un sentido pertenencia más firme; de la dirección que debe tomar, en el inicio de su negocio multinivel.

Las herramientas necesarias para realizar esta actividad se encuentran en su *Manual de Instrucciones* y el Cuaderno de Planificación diseñado por el portal NETWORKERS del Siglo XXI ®.

El objetivo de esta planificación empresarial; es preparar al desarrollador a descubrir sus sueños, definir sus metas, y concretar sus objetivos. Como también; determinar sus compromisos, y crear un plan de acción bien definido que le permita comenzar su negocio con éxito y evitar la causa más común de deserción; la cual es no saber qué hacer.

Es aquí donde el líder le enseñará los principios básicos que el nuevo socio necesita para saber desarrollar su red de comercialización, y así convertirse en un profesional en la industria. Es importante explicarle al futuro desarrollador que las redes de mercadeo es una profesión y que el portal NETWORKERS del Siglo XXI ® tiene un *sistema integral de formación empresarial*, que lo preparara para crear una organización solidad estable y productiva junto al respaldo del Equipo y su línea de auspicio.9.- CONÉCTESE 100% AL SISTEMA DE FORMACIÓN Y AL EQUIPO DE APOYO

- ✓ Conéctese 100% al Sistema de Formación y al Equipo de Apoyo
- ✓ Conéctese 100% Al Equipo y al Sistema
- ✓ Conéctese 100% a su Línea de Patrocinio
- ✓ Conéctese 100% a los principios y valores promovidos por el portal NETWORKERS del Siglo XXI ®

Conecte a los líderes y nuevos desarrolladores al *Sistema de Formación* y al *Equipo de Apoyo*. Planifique mensualmente a sus nuevos líderes y desarrolladores comprometidos.

a) Entrégueles el *Manual de Instrucciones* de la NETWORKERS del Siglo XXI®.

b) Edifique el *Sistema Integral de Formación Empresarial* y explíqueles cómo a través de la comprensión de estas herramientas y la aplicación de estos principios universales; le van a permitir adquirir los conocimientos necesarios que necesitan para la construcción de una red sólida, estable y productiva que se mantengan el tiempo y le permitan de esta forma lograr alcanzar conquistar cada uno de sus más anhelados sus sueños.

c) Establezca la importancia de asistir a todas las actividades del sistema y entrenamientos programadas por la Compañía, el Equipo y el portal NETWORKERS del Siglo XXI®

d) Modele con el ejemplo la importancia de utilizar todas las *Herramientas del Sistema de Formación* desarrolladas por la Compañía, el Equipo y el portal NETWORKERS del Siglo XXI ® Tales como: (Manual de Instrucciones, Cuaderno de Planificación, material impreso, herramientas audiovisuales, Videos DVDs, Audios CDs y el Sistema Interactivo Blog, Skype, Facebook, Twitter, YouTube, Google +) entre otros que les permitirán estar al día con su negocio.

e) Edifíquele a su *UPLINE o Línea de Auspicio* y presénteles a todos los líderes *DOWNLINE* y *CROSSLINE* de otras organizaciones, para crear un ambiente de confianza y seguridad. De esta manera sus nuevos Líderes, Desarrolladores y Empresarios se percatarán que además de ti como su patrocinador; también hay todo un *Equipo de Apoyo* que lo va a ayudar y lo guiarán a que sus sueños se hagan realidad.

f) Establézcales compromisos sólidos para asegurar las bases de éxito dentro de la COMPAÑÍA. Comprométalos a llevar a cabo una planificación empresarial mensualmente; con el propósito de realizar un plan de acción bien definido que les permita poner en marcha su Negocio y compartir la Visión del Efecto Multiplicador la Industria de Redes de Mercadeo Multinivel.

g) Fortalezca las buenas relaciones y la hermandad a través de los principios y valores que fomenta NETWORKERS del Siglo XXI ® y enséñeles a respetar y valor a cada miembro del equipo por lo que son y nunca por lo que se puede obtener de ellos, recuerde que cada integrante es un pilar fundamental en la consolidación de toda la organización.

De un sentido de seguridad y credibilidad a cada miembro del equipo a través de la EDIFICACIÓN sincera.

Ayúdales a desarrollar la confianza y el sentido de pertenencia mediante la integridad y la honestidad.

Levántale la moral a toda tu organización, motíveles y elógieles en cada logro realizado, por más pequeño que sea.

Trate a todos los Miembros del Equipo por igual, demuéstrele un interés genuino como miembros de una gran familia.

Enfóquese en sus sentimientos y comprenda sus necesidades y este presto para servirle y ayudarles siempre.

SOLOS LOS VISIONARIOS LOGRARAN CONQUISTAR SUS MÁS ANHELADAS SUEÑOS. *"Muéstrame un obrero con grandes sueños y en él encontrarás un hombre que puede cambiar la historia. Muéstrame un hombre sin sueños y en él hallarás a un simple obrero."*
– . JAMES CASH PENNY

"Una de las más hermosas compensaciones de la vida consiste en que nadie puede intentar sinceramente servir y ayudar a otro, sin que primero deba servirse y ayudarse a sí mismo. Por qué en la misma medida con que comencemos a DAR a los demás, en esa misma medida seremos igualmente retribuidos"
-. RALPH WALDO EMERSON.

-10.- DUPLÍQUESE "FORME LÍDERES COMPROMETIDOS"

✓   Duplíquese "Forme Líderes Comprometidos":
✓   Enseñe a sus Líderes Comprometidos
✓   El Ciclo Maestro de la Duplicación y la Multiplicación

Los 10 Principios Maestro de la Duplicación y la Multiplicación

Los diez pasos que componen *El Ciclo Maestro de la Duplicación y la Multiplicación* **son cíclicos y constantes.**

APRENDER, EJECUTAR, ENSEÑAR y *Modelar* los 10 principios del plan de acción diseñado por el portal **NETWORKERS** del Siglo XXI® a cada miembro de su organización es Vital y de suma importancia, ya que es la forma más poderosa y efectiva para lograr resultados, mediante la acción constante y el trabajo en equipo, sirviendo de ejemplo y modelo para los demás. Como dice el Dr. Herminio Nevares en la Guía del Éxito

Cito la Referencia... *De esta forma ellos: Entenderán ¿Por qué hacerlo? Aprenderán ¿Cómo hacerlo? Y aún más importante: "Lo harán" Fin* la cita

Los 10 Principios Maestro de la Duplicación y la Multiplicación han sido diseñados de manera sistemática para que cada Empresario y desarrollador del Negocio; puedan ir pasando por un "PATRÓN DE ACCIÓN" a través de unos principios básicos y sencillos.

Todo el CICLO ha sido creado de forma *Simple y Duplicable,* para que toda persona pueda *entenderlo y aplicarlo en sus organizaciones.* Esto es a lo que llamamos SISTEMA DE FORMACIÓN EMPRESARIAL. Por tal razón; es muy importante, comprender lo mejor posible cómo funciona el SISTEMA, *asegúrense de aplicar y enseñar cada pasó, sin prejuzgar ni obviar ninguno de ellos.*

Estos *Ciclos* cuentan con *planes de acciones bien concretos* u definidos; que tendrán que ir desarrollándose, para pasar al siguiente nivel. CADA CICLO DE ESTE MANUAL DE INSTRUCCIONES; ASÍ COMO SU SECUENCIA, ES ESENCIAL PARA LOGRAR LOS OBJETIVOS DESEADOS. *Cada principio; está íntimamente relacionado con él siguiente,* de forma muy sinérgica.

Todos los pasos juntos, constituyen un todo integrado y sinérgico del *Sistema Integral de Formación Empresarial*; Es decir; el ejecutar uno o varios de los ejercicios, de manera ocasional o desordenadamente no va a producir los resultados deseados en las organizaciones. Al menos que; *efectúen TODOS los ciclos que conforman este manual de instrucción en la secuencia indicada,* te garantizara lograr finalmente alcanzar el éxito esperado *en los miembros de su equipo.*

Por este motivo; invitamos a todos los miembros del equipo conformados por los líderes del portal **NETWORKERS** del Siglo XXI® para que puedan iniciar su Negocio con los principios correcto desde el primer día. Lean activamente su Manual de Instrucciones, empiecen a trabajar y tomar acción, poner en práctica los principios aprendidos, ejecutando los sistemas de forma continua y permanente, DUPLICANDO este *Ciclo Maestro de la Duplicación y la Multiplicación* para que todos los líderes, Desarrolladores y Empresarios comprometidos, los puedas poner en práctica, junto con todo su equipo y organizaciones respectivas.

Por tal razón, te propongo, que *dedique de 6 a 12 meses* continuos al estudio y aplicación de los principios contenidos en este manual de instrucción; con una convicción total. Y ejecuten *TODOS LOS CICLOS* que te sugerimos del *Patrón de Acción* consistentemente con una actitud mental positiva y te prometemos, que podrás lograr todos y cada uno de tus más anhelados, Sueños, Metas y Objetivos, a través de esta maravillosa Oportunidad que te ofrece la Industria de Redes de Mercadeo Multinivel.

PALABRAS FINALES

Bueno campeones y campeonas "{(**FELICIDADES**)}", ya hemos llegado al *FINAL* de *éste* *maravilloso* *libro* que con tanta dedicación escribí para ti. Fue un largo *proceso de formación* y *aprendizaje* que juntos **TÚ** y **YO** recorrimos en esta jornada **HACIA TÚ ÉXITO** y **AUTO-REALIZACIÓN PERSONAL**.

Éste libro lo cree y diseñe pensando en **TI**, de manera **SISTEMÁTICA** como un **MANUAL PRÁCTICO DE INSTRUCCIONES** paso a paso; con el objetivo de ir pasándote por un *proceso mental de formación continuo de aprendizaje*, a través de un "{(**PATRÓN DE ACCIÓN**)}" bien preparado y simplificado para brindarte resultados óptimos, efectivos y permanentes mediante las herramientas y metodologías más avanzadas de la **PNL** o **Programación Neurolingüística**.

La *REINGENIERÍA CEREBRAL* y la *PROGRAMACIÓN MENTAL* como la he venido aplicando para efectos de este libro; podemos concluir, que es una: metodología basada en la creencia de que toda experiencia subjetiva interna tiene bases en una estructura psicológica programada en nuestra mente. *Y que, por tal razón, esos PROCESOS o procedimientos pueden modelarse, codificarse, aprenderse, transferirse, modificarse o reprogramarse cuando la ocasión así lo requiera.*

Según esta **presuposición** adaptada de la **PNL** o **PROGRAMACIÓN NEUROLINGÜÍSTICA** conseguimos reafirmar que, nuestros programas mentales limitantes *"pueden ser NEURO-DESCODIFICADOS, reprogramados o modificados en cualquier momento que sea necesario a través de la REINGENIERÍA CEREBRAL".*

Por tal razón; mis amigos y amigas, fui guiándoles paso a paso de manera subjetiva a través de los diferentes *Ejemplos y Ejercicios* junto a todas las demás herramientas y metodologías utilizadas en el transcurso del libro en conjunto con el **PATRÓN DE ACCIÓN** a fin de *enseñarles la manera correcta de acceder* por medio de la "{(**REINGENIERÍA CEREBRAL**)}" a esas informaciones registradas y guardadas en el subconsciente y *descodificar los patrones de conductas limitantes de tu estructura mental* y *psicológica* creando una nueva realidad a través de una adecuada "{(**PROGRAMACIÓN MENTAL**)}" para el éxito.

Recuerden lo que han aprendido. *Que cualquier información o desequilibrios estructurales que hayan sido moldeadas o reprogramadas lingüísticamente en su subconsciente; de la misma forma, pueden ser descodificadas por medio de la* "**REINGENIERÍA CEREBRAL**" y la "**PROGRAMACIÓN MENTAL**" *para el éxito que* aprendieron en el transcurso de la lectura de todo este libro. *Tengan presente que: el poder YA está dentro de ustedes; solo tienes que CREERLO, TOMAR ACCIÓN y comenzar a HACER QUE LAS COSAS SUCEDAN.*

Bueno campeones y campeonas; para finalizar voy a hacerlo compartiendo con ustedes esta linda e inspiradora **historia** para despedirme por ahora compartiendo esta poderosa enseñanza.

LA HISTORIA DEL HOMBRE SABIO

Muchos años atrás; cuenta una antigua leyenda, que en la capital de Grecia, vivía un viejo filósofo. Un hombre sabio, famoso y muy conocido por sus prudentes respuestas a todas las preguntas que solían hacerle. Relatan los que le conocieron, que jamás fallaba y que siempre acertaba en todas y cada una de las declaraciones y contestaciones que hacía.

Un día cuenta la historia, que un astuto joven de aquella ciudad se atrevió retar al gran sabio y pensó:
– Creo que sé cómo engañar al hombre sabio –.
*Voy a **llevar un pequeño pajarito entre mis manos**; y voy a ponerlas detrás de mi espalda. Y le preguntaré al sabio ¿Si está vivo o muerto el pajarito que tengo **entre mis dos manos**?...*
*. - Si responde que el ave está viva, **apretaré mis manos** con todas mis fuerzas. Lo aplastaré y una vez inerte el pajarito lo dejare caer muerto al suelo...*
*. - Y si manifiesta que el ave está muerta, **abriré mis manos** y lo dejare libre volar en cielo...*
El joven en sus pensamientos conspiraba, supuestamente en la manera de cómo haría confundirse al sabio... Y así hablaba consigo mismo.
¿Me gustaría ver cómo este hombre se las arregla para salir de esta trampa? De esta manera el astuto y confiado joven ya resuelto; decidió llegar al lugar, para reunirse y verse con el hombre sabio.
Y una vez; frente a él, le hizo la quisquillosa pregunta...

*Gran maestro y hombre sabio ¿**El pájaro que tengo entre mis manos**? ¿Está vivo o está muerto?*
El sabio después de meditarlo unos segundos; miro al joven directamente a los ojos, y con firmeza le respondió...

*"Muchacho" **La respuesta está en TI; la respuesta a la pregunta está en la decisión que TÚ tomes, es decir la RESPUESTA ESTÁ EN TUS MANOS...***

La decisión de *cambiar* y *transformar* tú vida **ESTÁ EN TUS MANOS**. *Haciendo un cambio positivo de conciencia en la estructura mental de tus pensamientos*; en la forma de *pensar*, *sentir* y *actuar*. Producirán la **REINGENIERÍA** y la **REINVENCIÓN PERSONAL** que necesitan para comenzar a **CREAR UNA NUEVA Y MEJOR VERSIÓN DE USTEDES MISMOS**. "Pero finalmente CAMPEONES y CAMPEONAS" como en la historia que acabas de aprender **La Solución Ésta En Ti; La Elección que Tomes Dependerá 100% de Tus Acciones, LA RESPUESTA ESTÁ y SIEMPRE HA ESTADO EN TUS MANOS**...

EL PODER DE TOMAR ACCIÓN ESTÁ EN TUS MANOS *"Para que surja lo posible es preciso intentar una y otra vez lo imposible". -**HERMANN HESSE. –***

<u>FELICITACIONES HEMOS TERMINADO DEL PRIMER LIBRO DE LA SERIE...</u>
<u>NOS VEMOS EN LOS SIGUIENTES LIBROS DE LA SERIE...</u>
"Network Marketing Multinivel en Acción"

*Si te ha gustado este libro de NETWORK MARKETING, y deseas "**contribuir**" con tu **aporte**, para **apoyarme** a seguir realizando este maravilloso trabajo, que, con todo el cariño, preparado para ustedes. Puedes hacerlo a través del siguiente **Enlace***

http://bit.ly/PaypalDonación
Gracias por tu Contribución

Es Hora de Comenzar a Vivir
UNA VIDA MARAVILLOSA
Centrada en Principios

Recuerda: TOMAR ACCIÓN y
HACER QUE LAS COSAS SUCEDAN

Y pronto Tú y Yo nos veremos en la
CÚSPIDE DE LA EXCELENCIA
Tu Gran Amigo Ylich Tarazona
MásterCoach.YlichTarazona@gmail.com
http://www.reingenieriamentalconpnl.com

SOBRE EL AUTOR

BACKGROUND PROFESIONAL:

Coach Transformacional **YLICH TARAZONA**: Reconocido **Escritor, Autor Best-Seller, Orador** y **Conferenciante Internacional** de **Alto Nivel.**

Experto en **PNL** o **PROGRAMACIÓN NEUROLINGÜÍSTICA**, Reingeniería **Cerebral, BioProgramación Mental, Neuro Coaching, Persuasión e Hipnosis.**

Considerado en los distintos medios de comunicación como uno de los **Emprendedores más Destacado** e **Influyente** dentro del campo de la **NEUROCIENCIA MOTIVACIONAL** y **LA EXCELENCIA PERSONAL;** *destinado a ejercer un LEGADO en la vida de miles de personas, a través de su PASIÓN, ENTUSIASMO, DINAMISMO y LIDERAZGO CENTRADO EN PRINCIPIOS.*

Hombre de FE y Convicciones CRISTIANAS; centrado en Principios y Valores.

Fundador de portal **REINGENIERÍA MENTAL CON PNL ®- Comunidad Virtual para Emprendedores.** Uno de los **Website de Internet** dedicado a brindar **COACHING** en la **CONSOLIDACIÓN de Competencias** y el **Desarrollo del Máximo Potencial Humano.** *Especialistas en el Entrenamiento, Formación y Adiestramiento de alto nivel a través de la Programación Neurolingüística.*

Creador del **SISTEMA DE COACHING PERSONAL** en **REINGENIERÍA CEREBRAL** y **BIOPROGRAMACIÓN MENTAL** para *Alcanzar Metas, Concretar Objetivos* y *Consolidar Resultados Eficaces de Óptimo Desempeño;* a través de una serie de **Audios, Podcasters, Tele-Seminarios Online, Talleres Audiovisuales, Webminars** y **Conferencias Magistrales de Carácter Presencial.**

Co-Creador y Re-Diseñador del "**MODELO de la PNL**" y la formula efectiva "{(E - S.M.A.R.T - E.R)}" *[Para el Establecimiento y Fijación de METAS, plan de acción y principios de planificación estratégicas para alcanzar y consolidar objetivos].*

Creador del *WEBMINARS Audio Visual, TELE-SEMINARIO Online y CONFERENCIA Magistral [Redescubriendo Tú Propósito y Misión de Vida].*

Reconocido "**Autor** de la **Serie de LIBROS, Secuencias de EBOOK'S** y **CONFERENCIAS MAGISTRALES**" de [**REINGENIERÍA CEREBRAL** y **BIOPROGRAMACIÓN MENTAL** ©-®]. *Entre los más destacados tenemos "Como Mejora Tu Autoestima", "Libérate del Auto-Sabotaje Interno", "Rediséñate y Reinventa tu Vida, Posiciona tú Marca personal o Personal Branding, Reingeniería de los Procesos del Pensamiento entre otros.*

Escrito por el **Máster Coach YLICH TARAZONA**

Autor **Best-Seller** de la serie *[LOS CICLOS MAESTROS DE LA DUPLICACIÓN Y LA MULTIPLICACIÓN en el NETWORKS MARKETING, Leyes y Principios Universales Para Desarrollar Tú Negocio Multinivel de Forma Profesional] Vol. 1, 2 y 3.*

Creador del **SISTEMA INTEGRAL DE COACHING PERSONAL** a través de la **PNL** o **PROGRAMACIÓN NEUROLINGÜÍSTICA** para producir cambios positivos en los patrones del pensamiento, y generar resultados eficaces de alto rendimiento y óptimo desempeño, tanto nivel individual como organizacional. *Dicho SISTEMA DE ENTRENAMIENTO Offline y Online han marcado las vidas de cientos de emprendedores de forma presencial y ha cambiado los paradigmas mentales de miles de personas a nivel mundial vía virtual. Inspirando a quienes participan, escuchan, ven o leen sus enseñanzas; a vivir de forma extraordinaria centrada en principios.*

PROPÓSITO, MISIÓN Y VISIÓN PERSONAL:

MI PROPÓSITO: Transmitir a todos mis lectores fe; y la fortaleza de seguir adelante, siempre con confianza y optimismo pese a las adversidades. **GUIÁNDOLOS COMO SU MENTOR** y **COACH PERSONAL** a encontrar su misión de vida a través de una oportunidad real de crecimiento personal, que les ayude a aclarar sus ideas, establecer sus metas, y elaborar un plan de acción bien definido, que les permita conquistar con éxito sus más anhelados sueños. *Permitiéndoles crear su propio futuro, escribiendo la historia de su propia vida y forjando su propio destino a través un ciclo continuo de tácticas y estrategias creadas para tal fin.*

De igual manera, deseo ayudar a mis lectores, aprendices, participantes y seguidores a cambiar los patrones negativos de pensamientos y las estructuras mentales limitadoras, enseñándoles a consolidar sus competencias y desarrollar el máximo de su potencial humano.

MI MISIÓN: *Llegar a ser un instrumento en las manos de* **DIOS**, que me permita impactar en las vidas de cientos, miles y millones de personas alrededor del mundo.

Dejar una huella que marque la diferencia en las vidas de las personas a quienes enseño y llevo mi mensaje. Así como también, dejarles un legado, que transcienda en el tiempo. Y les permita evolucionar en todos los aspectos transcendentales e importantes de sus vidas, tanto en lo personal, espiritual, emocional, así como también profesional, académica y financieramente.

MI VISIÓN: *Llevar a las personas esperanza y una opción que les permita transformar sus vidas para mejor, poder ayudarles a desarrollar esa semilla de grandeza que todos llevan dentro de su interior, y motivarlos a consolidar, posicionar y expandir el máximo de su potencial humano, al siguiente nivel de éxito.*

Y finalmente poder establecer una conexión y empatía con todos mis lectores, participantes y seguidores, que me permita ir escalando en la relación con cada uno de ellos, en la medida que sea posible. Al mismo tiempo, que les enseño a posicionarse y consolidarse en todos los aspectos de su vida de manera equilibrada...

Ayudándoles a **interiorizar los principios correctos** que les permitan **REINVENTARSE, creando una nueva y mejorada versión de sí mismos**. Abriéndoles nuevos caminos, aperturandoles nuevas oportunidades de éxito, que les permita conducir su vida, a reencontrarse a sí mismo, en el camino a la transformación, y la excelencia personal. Y finalmente; retomar con mayor fuerza, su camino hacia su éxito y excelencia personal...

OTRAS PUBLICACIONES, EDICIONES ESPECIALES, MINI CURSOS, EBOOK'S Y LIBROS CREADOS POR EL AUTOR

Hola que tal, mi gran amigo y amiga **LECTOR**, fue un placer haber compartido contigo este tiempo de lectura, espero hayas disfrutado al máximo de la información contenida en este libro que con tanto cariño prepare para ustedes.

Si deseas conocer algunas otras de mis obras en *Kindle de Amazon* y *CreateSpace* te invito a visitar los siguientes enlaces. Se despide tú gran amigo el Coach **YLICH TARAZONA**

1.- CÓMO MEJORAR TÚ AUTOESTIMA. Aprende a Programar Tú Mente y Enfocar tus Pensamientos para Conquistar todo lo que te Propones en la Vida.
Kindle de Amazon https://www.amazon.com/dp/B071NS4NPH
Tapa Blanda CreateSpace https://www.createspace.com/6763814

2.- LIBÉRATE del AUTO-SABOTAJE. Aprende a Fortalecer Tú Guerrero Interior, Equilibrar tus Canales Energéticos, Controlar tus Emociones y Dirigir tus Pensamientos.
Kindle de Amazon https://www.amazon.com/dp/B0716BWKR1
Tapa Blanda CreateSpace https://www.createspace.com/7120751

3.- REDISÉÑATE Y REINVENTA TU VIDA. El Arte de REDISEÑAR tú Vida, REINVENTARTE, RENACER y Crear una Nueva y Mejorada Versión de ti Mismo.
Kindle de Amazon https://www.amazon.com/dp/B06XKCSTNZ
Tapa Blanda CreateSpace https://www.createspace.com/7195297

4.- REDESCUBRIENDO TÚ PROPÓSITO DE VIDA. Fundamentos para Vivir una Vida Plena, Centrada en Principios y Conectada con Nuestra Visión y Misión.
Kindle de Amazon https://www.amazon.com/dp/B071FFVVM4
Tapa Blanda CreateSpace https://www.createspace.com/7195692

5.- EL PODER DEL DE METAS. Principios de Planificación Estratégica para Alcanzar y Consolidar tus Sueños y Objetivos paso a paso.
Kindle de Amazon https://www.amazon.com/dp/B071SF2QX7
Tapa Blanda CreateSpace https://www.createspace.com/6684686

6.- POSICIONANDO TÚ MARCA PERSONA. Como CONSOLIDAR y POSICIONAR Tú PERSONAL BRANDING en un Mercado Competitivo a través del "Love Brand".
Kindle de Amazon https://www.createspace.com/6799772
Tapa Blanda CreateSpace https://www.createspace.com/6615804

7.- *PROGRAMACIÓN NEUROLINGÜÍSTICA.* **Guía Práctica de PNL APLICADA - Metodologías Modernas y Técnicas Efectivas para Cambiar tu Vida.**
Kindle de Amazon https://www.amazon.com/dp/B072DVXBHR
Tapa Blanda CreateSpace https://www.createspace.com/7119256

8.- *EL PODER DE LAS METÁFORAS Y EL LENGUAJE FIGURADO.* **Historias, Parábolas, Metáforas y Alegorías, Poderosas Herramientas Persuasivas en la Comunicación.**
Kindle de Amazon https://www.amazon.com/dp/B01ESBD7WY
Tapa Blanda CreateSpace https://www.createspace.com/6685297

9.- *REINGENIERÍA CEREBRAL Y REDISEÑO DEL PENSAMIENTO.* **Aprende a ReProgramar Tus Procesos Mentales y Generar una Reinvención Personal.**
Kindle de Amazon https://www.amazon.com/dp/B0723BVN9G
Tapa Blanda CreateSpace https://www.createspace.com/6685293

10-. *EL PODER DE LA HIPNOSIS.* **Manual Teórico-Práctico de Formación en HIPNOSIS, y el Desarrollo de Habilidades Hipnóticas Persuasivas.**
Kindle de Amazon https://www.amazon.com/dp/B076G97F14
Tapa Blanda CreateSpace https://www.createspace.com/7691037

11-. *CURSO DE HIPNOSIS PRÁCTICA.* **Como HIPNOTIZAR, a Cualquier Persona, en Cualquier Momento y en Cualquier Lugar.**
Kindle de Amazon https://www.amazon.com/dp/B076G97F14
Tapa Blanda CreateSpace https://www.createspace.com/7691037

12-. *HIPNOSIS AL SIGUIENTE NIVEL.* **Hipnotismo Avanzado, Autohipnosis, Regresiones y Fenómenos Hipnóticos de Alto Nivel.**
Kindle de Amazon https://www.amazon.com/dp/B076G97F14
Tapa Blanda CreateSpace https://www.createspace.com/7691037
Próximamente...

13-. *EL GRAN LIBRO DE LA HIPNOSIS.* **Manual de Hipnotismo para aprender HIPNOTIZAR a Cualquier Persona, en Cualquier Momento y en Cualquier Lugar.**
Kindle de Amazon https://www.amazon.com/dp/B076G97F14
Tapa Blanda CreateSpace https://www.createspace.com/7691037
Próximamente...

14.- *REDES DE MERCADEO MULTINIVEL.* **Los Ciclos Maestros de la Duplicación y la Multiplicación en el Network Marketing.**
Kindle de Amazon https://www.amazon.com/dp/B01IZTHD0M
Tapa Blanda CreateSpace https://www.createspace.com/6614144

15.- *CUADERNO DE PLANIFICACIÓN EMPRESARIAL.* **Plan de Acción Mensual Para Desarrollar Exitosamente Tú Negocio Multinivel de Forma Profesional.**
Kindle de Amazon https://www.amazon.com/dp/B01J1JEVHI
Tapa Blanda CreateSpace https://www.createspace.com/6612779

16.- *NETWORK MARKETING AL SIGUIENTE NIVEL.* **Principios Universales Para Desarrollar Exitosamente Tú Proyecto Multinivel de Forma Profesional.**
Kindle de Amazon https://www.amazon.com/dp/B01MFDJNT9
Tapa Blanda CreateSpace https://www.createspace.com/6619923

17.- *NETWORK MARKETING MULTINIVEL.* **Redes de Mercadeo, La Gran Oportunidad de Negocio del Siglo XXI, Rumbo a tu Libertad Financiera.**
Kindle de Amazon https://www.amazon.com/dp/B01M5H4CG2
Tapa Blanda CreateSpace https://www.createspace.com/6669735

18. *PALABRAS INSPIRADORAS Y FRASES CÉLEBRES.* **Colección con más de 800 Pensamientos y Citas Motivadoras de los Líderes Más Grandes de la Historia.**
Kindle de Amazon https://www.amazon.com/dp/B01J4MGSU0
Tapa Blanda CreateSpace https://www.createspace.com/6615169

19.- *PNL APLICADA A LA COMUNICACIÓN.* **Patrones de Persuasión, Hipnosis Conversacional y Oratoria Hipnótica, el Arte de Persuadir, e Influir Positivamente en los Demás.**
Kindle de Amazon https://www.amazon.com/dp/B01MXT273E
Tapa Blanda CreateSpace https://www.createspace.com/6762851
Próximamente...

20.- *EL ARTE DEL COACHING CON PNL.* **Conocimientos, Habilidades, Técnicas, Practicas y Estrategias de Coaching para Lograr Objetivos y Alcanzar lo que te Propones en la Viva.**
Kindle de Amazon https://www.amazon.com/dp/B01N1N49V8
Tapa Blanda CreateSpace https://www.createspace.com/6762787
Próximamente...

21.- *REINGENIERÍA CEREBRAL y PROGRAMACIÓN MENTAL.* **Un Salto Cuántico para la Evolución del SER - La Nueva Era del Pensamiento y El Despertar de la Consciencia.**
Kindle de Amazon https://www.amazon.com/dp/B01EQML2U4
Tapa Blanda CreateSpace https://tsw.createspace.com/6685305
Próximamente...

22.- LEYES Y PRINCIPIOS UNIVERSALES DEL ÉXITO. Principios Bíblicos para Triunfar y Vivir en Abundancia Conforme a la Manera del Señor.
Kindle de Amazon https://www.amazon.com/dp/B01MQQWLGT
Tapa Blanda CreateSpace https://www.createspace.com/6762826
Próximamente...

Para adquirir otras **OPCIONES DE PRESENTACIÓN** *y adquirí los* **LIBROS** *en versiones* **TAPA BLANDA ESTÁNDAR** *o* **PREMIUM, TAPA DURA PROFESIONAL CON** *o* **SIN SOLAPA, CON** *o* **SIN CONTRAPORTADA,** *en diferentes calidades de impresiones* **(Blanco y Negro, Full Color, Hoja Ahuesada Premium)** *en* **Tamaño Bolsillo, Impresión Americana** *o* **Espiral**...

Puedes hacerlo a través mis otros **Portales OFICIALES.**

https://www.amazon.com/Ylich-Eduard-Tarazona-Gil/e/B01INP4SU6
http://www.autoreseditores.com/coach.ylich.tarazona
http://www.lulu.com/spotlight/Coach_YlichTarazona
https://www.bubok.es/autores/YlichTarazona

El aprendizaje constante, la formación continua y el estudio permanente son las claves entre los que logramos el éxito, de aquellos que no lo logran. **- Ylich Tarazona. -**

PUBLICACIONES, EDICIONES, LIBROS, E-BOOK Y REPORTES ESPECIALES CREADOS POR EL AUTOR

Escrito por el **Máster Coach YLICH TARAZONA**

OTRAS PUBLICACIONES, EDICIONES, LIBROS, E-BOOK Y REPORTES ESPECIALES CREADOS POR EL AUTOR

CONTINUACIÓN DE LA SERIE

TALLERES, CONFERENCIAS, SEMINARIOS, MINI CURSOS CREADOS POR EL AUTOR

AUDIOLIBROS, PODCASTERS, WEBMINARS, Y VIDEOS CREADOS POR EL AUTOR

SÍGUENOS A TRAVÉS DE TODAS NUESTRAS REDES SOCIALES (SOCIAL MEDIA Y WEBSITE OFICIAL)

Facebook, Twitter, YouTube, Google +, BlogSpot, Instagram, Pinterest, SlideShare, Speaker, LinkedIn, Skype y Gmail

https://www.amazon.com/Ylich-Eduard-Tarazona-Gil/e/B01INP4SU6
http://www.reingenieriamentalconpnl.com/
http://www.coachylichtarazona.com/

http://www.lulu.com/spotlight/Coach_YlichTarazona

http://www.autoreseditores.com/coach.ylich.tarazona

https://www.facebook.com/coachmaster.ylichtarazona

https://www.youtube.com/user/coachylichtarazona

https://plus.google.com/+ylichtarazona/posts

http://www.spreaker.com/user/ylich_tarazona

http://instagram.com/coach_ylich_tarazona/

https://www.pinterest.com/ylich_tarazona/

https://www.linkedin.com/in/ylichtarazona

http://es.slideshare.net/ylichtarazona

https://twitter.com/ylichtarazona

También puede contactarse directamente con el **AUTOR** vía e-mail por:
MasterCoach.YlichTarazona@gmail.com

Skype: Coaching_Empresarial

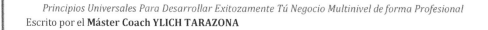

Principios Universales Para Desarrollar Exitozamente Tú Negocio Multinivel de forma Profesional
Escrito por el **Máster Coach YLICH TARAZONA**

*3ª **Edición Especial** Revisada y Actualizada por: **Ylich Tarazona** diciembre 2017.*
*Diseño y Elaboración de Portada por: **Ylich Tarazona***

ISBN-13: 978-1985260092 *(CreateSpace-Assigned)*
ISBN-10: 1985260093 *(CreateSpace-Assigned)*
SELLO: Independently Published ©

BISAC: *MLM / Multi-Level-Marketing / Redes de Mercadeo / Network Marketing*
El derecho de **YLICH TARAZONA** a ser identificado como el **AUTOR** de este trabajo ha sido afirmado por ***SafeCreative.org, Código de Registro:***
, de conformidad con los **Derechos De Autor En Todo El Mundo**. ***Fecha****: 18 de diciembre de 2017.*

Made in the USA
Coppell, TX
01 June 2020

26839925R00056